AMERICA ROMANA 4

STUDIEN ZU SPRACHEN, LITERATUREN UND KULTUREN
DER ROMANISCHEN LÄNDER AMERIKAS

Herausgegeben von Christine Felbeck,
Andre Klump
und Johannes Kramer

Frankfurt am Main · Berlin · Bern · Bruxelles · NewYork · Oxford · Wien

Daniel Pierrot

„C'est comme s'il y avait plusieurs personnes en moi!"

Identitätssuche im Werk
Jacques Poulins

PETER LANG
Internationaler Verlag der Wissenschaften

Das Herausgeberteam leitet seit 2010 gemeinsam das America Romana Centrum (ARC) am Fachbereich II: Sprach-, Literatur- und Medienwissenschaften der Universität Trier. Christine Felbeck ist Akademische Oberrätin und vertritt derzeit eine Professur in der romanistischen Literaturwissenschaft, Andre Klump und Johannes Kramer sind Professoren für romanistische Sprachwissenschaft.

Bibliografische Information der Deutschen Nationalbibliothek
Die Deutsche Nationalbibliothek verzeichnet diese Publikation
in der Deutschen Nationalbibliografie; detaillierte bibliografische
Daten sind im Internet über http://dnb.d-nb.de abrufbar.

Umschlagabbildung:
Abdruck mit freundlicher Genehmigung
von Christine Felbeck und Andre Klump.

ISSN 2194-4938
ISBN 978-3-631-62506-4

© Peter Lang GmbH
Internationaler Verlag der Wissenschaften
Frankfurt am Main 2012
Alle Rechte vorbehalten.

Das Werk einschließlich aller seiner Teile ist urheberrechtlich geschützt. Jede Verwertung außerhalb der engen Grenzen des Urheberrechtsgesetzes ist ohne Zustimmung des Verlages unzulässig und strafbar. Das gilt insbesondere für Vervielfältigungen, Übersetzungen, Mikroverfilmungen und die Einspeicherung und Verarbeitung in elektronischen Systemen.

www.peterlang.de

Inhaltsverzeichnis

Vorwort der ReihenherausgeberInnen 7

1. Einleitung 9

2. Forschungsstand zu Jacques Poulin 13

3. Der Identitätsbegriff 19
3.1 Verortung des Begriffs im Theoriefeld 19
    3.1.1 Philosophischer Identitätsbegriff 19
    3.1.2 Sozialpsychologischer Identitätsbegriff 21
3.2 Konzeption des Begriffs für die nachfolgenden Analysen 25

4. *Chat sauvage* (1998) 27
4.1 Jack – die Identitätskrise eines älteren Mannes 27
    4.1.1 Kindheit *versus* Erwachsensein 28
    4.1.2 Männlichkeit *versus* Weiblichkeit 31
4.2 Jacks soziale Rollen 33
    4.2.1 Privatleben 33
    4.2.2 Berufsleben 39
4.3 Kulturelle Einflüsse auf Jacks Identitätssuche 40

5. *Les yeux bleus de Mistassini* (2002) 43
5.1 Jimmy – die Identitätssuche eines jungen Mannes 43
    5.1.1 Unsicherheit 44
    5.1.2 Suche nach Intimität 46
5.2 Jimmys soziale Rollen 48
    5.2.1 Privatleben 48

	5.2.2 Berufsleben 53

5.3 Kulturelle Einflüsse auf Jimmys Identitätssuche............ 58

6. *La traduction est une histoire d'amour* (2006) 61
6.1 Marine – die Identitätssuche einer jungen Frau 61
    6.1.1 Bewahrung der Unahbhängigkeit 62
    6.1.2 Zwischenmenschliche Bindungen 64
6.2 Marines soziale Rollen.. 68
    6.2.1 Privatleben 68
    6.2.2 Berufsleben 72
6.3 Kulturelle Einflüsse auf Marines Identitätssuche.......... 73

7. *L'anglais n'est pas une langue magique* (2009).................75
7.1 Francis – die Emanzipation eines kleinen Bruders 75
    7.1.1 Minderwertigkeitsgefühle 75
    7.1.2 Suche nach menschlicher Nähe 81
7.2 Francis' soziale Rollen 82
    7.2.1 Privatleben 82
    7.2.2 Berufsleben 85
7.3 Kulturelle Einflüsse auf Francis' Identitätssuche 88

8. Vergleichende Perspektive...93

9. Schlussbetrachtung..97

10. Literaturhinweise 101
10.1 Primärliteratur 101
10.2 Sekundärliteratur.. 101
10.3 Internetquellen 104

Vorwort der ReihenherausgeberInnen

Spätestens seit seinem Erfolgsroman *Volkswagen blues* (1984) ist der frankokanadische Autor Jacques Poulin, dessen 75. Geburtstag im September dieses Jahres bevorsteht, auch über die Grenzen Québecs hinaus bekannt. Dieser durch und durch amerikanische Roman im Stile der *road novel* inszeniert eine familiäre Identitäts- und Spurensuche, bei der die Protagonisten im VW-Bus von der Gaspé quer durch die USA nach Kalifornien reisen. Die emblematische Durchquerung des interamerikanischen Raumes vollzieht sich dabei auf der Route[1] und intertextuellen Folie der Entdeckungsreisen französischer Kolonisatoren ins westliche Amerika: „So wird *Volkswagen Blues* zu einer modernen literarischen Synthese der bewegten und in kultureller Hinsicht mit bunten Fäden durchwirkten Geschichte des amerikanischen Kontinents."[2] Von Jacques Cartier über die Abtretung Louisianas an die USA und die Pioniere des 19. Jahrhunderts demonstriert die zeitgenössische Reise schließlich nicht nur, wie sehr die französische und vor allem die indigene Kultur von der englischen unterdrückt wurde, sondern dekonstruiert insbesondere den Mythos des *american dream*.

Thematisiert dieser, auch von der Forschung am stärksten rezipierte Roman über die vielschichtigen Beziehungen der frankokanadischen Geschichte mit der des gesamten nordamerikanischen Kontinents zentral die Amerikanität, so fokussieren – mit der weiteren Ausnahme von *Les yeux bleus de Mistassini* – Poulins andere elf Romane geographisch nur die ostkanadische Provinz. Neben dieser markanten räumlich-kulturellen Verortung stellen die Poulinschen Romane auch hinsichtlich der Protagonisten einen veritablen Mikrokosmos dar, da diese meist Schriftsteller oder in affinen Berufen tätig und beständig auf der Suche nach ihrer Identität sind.

Auf der Folie des Frühwerks von Jacques Poulin, d.h. den ersten acht Romanen von *Mon cheval pour un royaume* (1967) bis *La tournée d'automne*

---

[1] Die Reise beginnt am Ort der französischen Landnahme in der Gaspé, führt entlang des Sankt-Lorenz-Stroms über Toronto, Detroit, Chicago, Saint-Louis, entlang des *Oregon Trail* nach Chimney Rock, Fort Hall und schließlich nach San Francisco. Von dort geht es per Flugzeug wieder zurück nach Montréal.
[2] Ertler, Klaus-Dieter: *Kleine Geschichte des frankokanadischen Romans*. Tübingen: Narr, 2000, 221.

(1993), beleuchtet Daniel Pierrot in seiner innovativen Studie vier Romane aus der Zeit von 1998-2009: *Chat sauvage* (1998), *Les yeux bleus de Mistassini* (2002), *La traduction est une histoire d'amour* (2006) und *L'anglais n'est pas une langue magique* (2009). Pierrot setzt sich einerseits mit dem Spätwerk Poulins auseinander, das bislang von der Forschung noch weitgehend unberücksichtigt geblieben ist, und legt andererseits erstmals den Fokus stärker auf philosophische und sozialpsychologische Facetten der individuellen, sozialen und kulturellen Identität. Darüber hinaus bezieht Pierrot in einem kurzen Ausblick auch den neuesten Roman Jacques Poulins, *L'homme de la Saskatchewan*, mit ein, der im Jahre 2011 erschienen ist und hinsichtlich der Figuren und Themen an die untersuchten Romane anknüpft. Es zeigt sich hierbei nicht zuletzt, dass die Poulinsche Romanwelt mit ihrer Vielzahl intertextueller Bezüge nicht nur einen eigenen Mikrokosmos etabliert, sondern auch mit den beständigen Referenzen auf die Weltliteratur als Makrokosmos verweist.

Mit dem vorliegenden Band liegt nunmehr bereits die zweite Arbeit eines Trierer Nachwuchswissenschaftlers in der Reihe *America Romana* vor. Während die Studie von Tobias Wildner über *Gedächtnis und Erinnerung bei Néstor Ponce und Eduardo Belgrano Rawson* das südliche Ende der America Romana beleuchtet (vgl. dazu Band 2 der Reihe), fokussiert Daniel Pierrot mit Jacques Poulin einen Vertreter der Erzählliteratur, der oft als der nordamerikanischste der frankophonen Autoren Québecs betrachtet wird. Das Herausgeberteam freut sich, damit nicht nur die geographische Spannbreite des Trierer wissenschaftlichen Nachwuchses im Bereich der America Romana verdeutlichen zu können, sondern auch hervorragenden Arbeiten, die einem Forschungsdesiderat entgegentreten, mit der Veröffentlichung einen Weg in den wissenschaftlichen Dialog bereiten zu können.

Trier im Juli 2012   Christine Felbeck, Andre Klump &
                                      Johannes Kramer

1. Einleitung

Wer eine Arbeit über das Werk Jacques Poulins schreiben möchte, muss sich zunächst über die Meinung des Autors hinwegsetzen. Als dieser 1991 im Rahmen eines Interviews mit der Zeitschrift *Nuit blanche* gefragt wurde, ob er bereits einmal Arbeiten gelesen habe, die über sein Romanwerk verfasst worden seien, gab der Schriftsteller folgende Antwort: „Oui. Je ne trouve pas que ce soit une idée très brillante d'écrire une thèse sur mes histoires, mais enfin..." (Ouellet 1991, 42). Die Forschung scheint diese Ansicht zunächst geteilt zu haben, wie die folgende Feststellung Gilles Marcottes aus dem Jahr 1979 andeutet: „Parmi les écrivains qui comptent, dans le Québec d'aujourd'hui, Jacques Poulin est probablement celui sur lequel on a écrit le moins d'articles, d'études, de thèses" (1979, 23, zit. n. Mailhot 1985, 3). Dies ist sehr verwunderlich, da bspw. Paul-André Bourque Poulins Werk im selben Jahr als „une œuvre romanesque dense, puissante, originale, qui compte parmi les plus importantes de la littérature québécoise actuelle" (1979, 38) bezeichnete, wobei der Autor zum damaligen Zeitpunkt erst fünf Romane veröffentlicht hatte.[3] Mittlerweile zeugt jedoch eine immer größer werdende Anzahl von Büchern, Aufsätzen, Artikeln, Dossiers und Dissertationen von einem deutlich gestiegenen Interesse seitens der Forschung an den Romanen des frankokanadischen Autors (vgl. Hébert 1997, 187).

Die von Bourque angesprochene Originalität der Romane beruht v.a. darauf, dass sie in einer Weise miteinander in Verbindung zu stehen scheinen, welche den Eindruck erweckt, dass es sich bei Poulins Gesamtwerk um eine eigene kleine literarische Welt handelt. Dies liegt v.a. an Ähnlichkeiten bezüglich der Schauplätze, der Figuren und der Handlung. Mit Ausnahme von *Volkswagen blues* und Teilen des Romans *Les yeux bleus de Mistassini* spielt die Handlung fast ausschließlich in Québec. Poulins männliche Figuren, welche in der Regel Jack, Jimmy oder Jim heißen, sind entweder Schriftsteller oder üben einen verwandten Beruf

---

[3] Bei diesen fünf Romanen handelt es sich um *Mon cheval pour un royaume* (1967), *Jimmy* (1969), *Le cœur de la baleine bleue* (1970), *Faites de beaux rêves* (1974) und *Les grandes marées* (1978). Bis zum Zeitpunkt des Verfassens der vorliegenden Arbeit sind sieben weitere Romane erschienen: *Volkswagen blues* (1984), *Le vieux Chagrin* (1989), *La tournée d'automne* (1993), *Chat sauvage* (1998), *Les yeux bleus de Mistassini* (2002), *La traduction est une histoire d'amour* (2006), *L'anglais n'est pas une langue magique* (2009) und *L'homme de la Saskatchewan* (2011). Die Titel der Romane werden für die Zwecke dieser Arbeit abgekürzt (siehe Literaturhinweise).

aus, wie z.B. Übersetzer oder Vorleser.[4] Sie treffen auf weibliche Figuren namens Marie, Mary, Marika oder Marine, mit denen sie eine Beziehung einzugehen versuchen (vgl. Hébert 1997, 8). Pierre Hébert zufolge stellen sich den Figuren in allen Romanen des Autors immer wieder dieselben essentiellen Fragen:

> Quelle influence exerce sur nous notre enfance? comment vivre avec l'agressivité qui existe en nous-même et chez les autres? comment équilibrer intérieurement la partie féminine et masculine de notre être? Enfin, cette interrogation récursive qui recueille toutes les autres: comment aimer? (Hébert 1997, 8).

Diese Fragen zeigen, dass Poulins Romanfiguren sich häufig mit inneren Konflikten auseinandersetzen müssen. Sie scheinen sich nicht sicher zu sein, was ihre Persönlichkeit ausmacht und wer sie eigentlich sind. Vor diesem Hintergrund ist es nicht verwunderlich, dass Francis, der Protagonist des Romans *L'anglais n'est pas une langue magique*, feststellt: „C'est comme s'il y avait plusieurs personnes en moi!" (*ALM* 143) Diese Aussage, welche als Titel für die vorliegende Arbeit gewählt wurde, lässt erkennen, dass der junge Mann sich intensiv mit der Frage beschäftigt, wer er ist bzw. wie sich seine Identität zusammensetzt.[5] Damit steht er stellvertrend für viele der Romanfiguren Jacques Poulins, welche stets darum bemüht sind, Antworten auf diese Art von Fragen zu finden und sich dazu auf die Suche nach ihrer Identität begeben. Ziel der vorliegenden Arbeit ist es, diese Identitätssuche zu analysieren. Dabei soll nicht nur gezeigt werden, dass es sich dabei um ein zentrales Kennzeichen der Protagonisten des frankokanadischen Autors handelt, sondern es soll auch erläutert werden, wie diese Identitätssuche im Einzelfall abläuft, welchen Einflüssen sie unterliegt und ob sie erfolgreich sein kann.

Von Seiten der Forschung ist das Thema Identitätssuche in Poulins Werk zwar schon untersucht worden (siehe Kap. 2), allerdings v.a. im Hinblick auf die sexuelle Identität der Romanfiguren – z.T. auch im Zusammenhang mit ihrer kulturellen Identität. Diese Gesichtspunkte sollen ebenso wie die von Hébert angesprochenen zentralen Fragen (siehe oben) in den folgenden Kapiteln thematisiert werden, sie bilden jedoch nicht den einzigen Ausgangspunkt der Analyse. Auch durch die gewählte

---

[4] Dies bedeutet jedoch nicht zwangsläufig, dass es sich immer um dieselben Figuren handelt.
[5] Darüber hinaus könnte das Zitat auch die zahlreichen intertextuellen Verbindungen innerhalb des Romanwerks Jacques Poulins andeuten, die von Boué (2003-2004) und Ledoux (1995) aufgezeigt werden.

1. Einleitung

Herangehensweise unterscheidet sich die vorliegende Arbeit von vorhergehenden Untersuchungen. Ausgehend von philosophischen und v.a. sozialpsychologischen Ansätzen zum Thema Identität werden die Persönlichkeit, die sozialen Rollen und die kulturelle Herkunft der Romanfiguren beleuchtet um zu untersuchen, inwiefern diese Faktoren zusammenwirken und die Suche nach individueller, sozialer und kultureller Identität beeinflussen. Im Hinblick auf die Situation Québecs als frankophone Provinz im anglophonen Nordamerika kann man davon ausgehen, dass vor allem der kulturelle Aspekt von besonderer Bedeutung ist. In der vorliegenden Arbeit beschränkt sich die Analyse auf die Identitätssuche der Protagonisten der betreffenden Romane. Eine Ausweitung auf alle Romanfiguren wäre zwar möglich, soweit die Texte ausreichend Informationen zu den jeweiligen Figuren bieten, allerdings würde dies den Gesamtumfang erheblich vergrößern.

Während sich frühere Untersuchungen ausschließlich auf die ersten acht Romane Jacques Poulins – von *Mon cheval pour un royaume* bis *La tournée d'automne* – beziehen, befasst sich die vorliegende Arbeit mit den danach erschienenen Romanen *Chat sauvage, Les yeux bleus de Mistassini, La traduction est une histoire d'amour* und *L'anglais n'est pas une langue magique*. Diese sind von Seiten der Forschung bisher kaum behandelt worden, sodass nur sehr wenig Sekundärliteratur zur Verfügung steht. Aufgrund der Ähnlichkeit der Romane lassen sich aber manche Erkenntnisse aus den vorhandenen Forschungsbeiträgen zu Poulins frühen Werken auch auf die in der vorliegenden Arbeit untersuchten Romane übertragen.

Im zweiten Kapitel dieser Arbeit wird zunächst der Stand der Forschung zum Werk des frankokanadischen Autors dargestellt. Anschließend erfolgt im dritten Kapitel eine Verortung des Identitätsbegriffs im Theoriefeld, wobei gezeigt wird, welche Bedeutung diesem Begriff im Rahmen philosophischer und sozialpsychologischer Ansätze zukommt. Auf der Grundlage dieser Ansätze wird eine Konzeption entwickelt, welche als theoretisches Gerüst für die nachfolgende Analyse der betreffenden Romane dient. In den Kapiteln vier bis sieben dieser Arbeit werden die Romane *Chat sauvage, Les yeux bleus de Mistassini, La traduction est une histoire d'amour* und *L'anglais n'est pas une langue magique* untersucht im Hinblick auf die Identitätssuche der vier Protagonisten Jack, Jimmy, Marine und Francis. Dabei wird jeweils gezeigt, inwiefern diese Suche der Figuren von ihren inneren Konflikten, ihren sozialen Rollen und ihrem kulturellen Selbstverständnis beeinflusst wird. Im achten Kapitel werden die

Ergebnisse, welche die Analyse der einzelnen Romane hervorgebracht hat, miteinander verglichen, um auf das Thema Identitätssuche bezogene Gemeinsamkeiten der Werke sowie mögliche Unterschiede darzulegen. Die Schlussbetrachtung im neunten Kapitel gibt einen kurzen Ausblick auf Poulins neuesten Roman *L'homme de la Saskatchewan*, welcher bezüglich seiner Figuren und Themen an die Romane anknüpft, welche im Rahmen der vorliegenden Arbeit untersucht werden.

2. Forschungsstand zu Jacques Poulin

Eine der wesentlichen Arbeiten zu Poulins Gesamtwerk hat Pierre Hébert verfasst: *Jacques Poulin. La création d'un espace amoureux* (1997).[6] Hébert zufolge zeigen die Romane des frankokanadischen Autors üblicherweise einen Mann und eine Frau bei dem Versuch, über die Art ihrer Beziehung Klarheit zu erlangen (vgl. 1997, 13). Diese Art der Beziehung zwischen Mann und Frau spiegele sich wider in der Bedeutung, welche dem *espace* in den jeweiligen Romanen zukomme. Unter diesem Begriff, welcher zentral für seine Studie ist, versteht Hébert nicht eine Ansammlung von Orten, sondern vielmehr „le langage même du lien entre l'homme et la femme" (1997, 13). Die räumliche Gegenüberstellung von hoch und tief (bzw. Norden und Süden) könne z.B. den Gegensatz zwischen – zugegebenermaßen stereotypen – männlichen und weiblichen Eigenschaften repräsentieren, wie Aktivität *versus* Passivität oder Vernunft *versus* Empfindsamkeit (vgl. 1997, 15; 193). Hébert spricht in diesem Fall von einer „textualisation des lieux" (1997, 193). Vor diesem theoretischen Hintergrund teilt er das Gesamtwerk Jacques Poulins in drei Phasen ein, und zwar entsprechend dem jeweiligen Typus der weiblichen Hauptfigur und dem jeweiligen Stellenwert des *espace*: In den Romanen *Mon cheval pour un royaume*, *Jimmy*, *Le cœur de la baleine bleue* und *Faites de beaux rêves* gehe die weibliche Hauptfigur keinerlei Bindung mit dem Protagonisten ein und die Darstellung des Raumes bleibe auf bestimmte Textpassagen beschränkt. Hébert bezeichnet dies als „*représentation de l'espace*" (1997, 193, Herv. P. H.). In *Les grandes marées* und *Volkswagen blues* hingegen binde sich die Frau zunächst an den Mann, verlasse ihn jedoch am Ende der Erzählung. Da die beiden Romane auf einer Insel bzw. im weiten Gebiet des amerikanischen Westens spielen, umfasse die Darstellung des Raumes die gesamte Erzählung, was man als „*espace de la représentation*" (1997, 194, Herv. P. H.) bezeichnen könne. In *Le vieux chagrin* und *La tournée d'automne* gehe die Frau schließlich eine dauerhafte Bindung mit dem Mann ein, wodurch ein neuer Raum geschaffen werde, nämlich ein „*espace amoureux*" (1997, 194, Herv. P. H.). Demzufolge sieht Pierre Hébert im Gesamtwerk des frankokanadischen Autors eine Progression, welche er folgendermaßen zusammenfasst: „Lettre de l'alpha-

---

[6] Das Gesamtwerk Jacques Poulins umfasste zum damaligen Zeitpunkt acht Romane: *Mon cheval pour un royaume*, *Jimmy*, *Le cœur de la baleine bleue*, *Faites de beaux rêves*, *Les grandes marées*, *Volkswagen blues*, *Le vieux Chagrin* und *La tournée d'automne*.

bet dans les premières œuvres, l'espace est [...] devenu langage littéraire, esthétique de l'amour" (1997, 194).

Anne Marie Miraglia untersucht in *L'écriture de l'Autre chez Jacques Poulin* (1993) das Werk des Autors unter dem Aspekt der *altérité*, also der Andersartigkeit. Dabei handelt es sich ihr zufolge um ein für die frankokanadische Literatur sehr wichtiges Konzept, mit dem sich bereits zahlreiche Forscher auseinandergesetzt haben, z.B. im Hinblick auf die Frage nach der *identité québécoise* (vgl. 1993, 9). In ihrer Untersuchung zum Werk Poulins geht Miraglia von einem Verständnis des Begriffs *altérité* aus, wonach der *Andere* als ein Gesprächspartner angesehen wird (vgl. 1993, 10).[7] Die Präsenz dieses *Anderen* mache sich auf zwei Weisen bemerkbar: einerseits durch den Leser, welcher gemeinsam mit dem Schriftsteller an einem literarischen Kommunikationsprozess teilnehme und dabei als der *Andere* auftrete, und andererseits durch den Verweis auf Texte *anderer* Autoren bzw. deren Einbettung in das eigene literarische Werk in Form von Intertexten (vgl. 1993, 11-13, Herv. D. P.). Vor diesem Hintergrund untersucht Miraglia Poulins Romane im Hinblick auf die darin vorkommenden fiktiven Schriftsteller und fiktiven Leser sowie die vom Autor verwendeten Intertexte. Bei diesen Elementen, welche sie als Formen der Autorepräsentation ansieht, handelt es sich ihr zufolge um Instrumente, welche die Interpretation der Romane lenken können: „Les figures de l'auteur, du lecteur et de la représentation d'intertextes littéraires sont susceptibles de participer à des stratégies interprétatives réfléchissant la situation littéraire et socioculturelle de l'auteur et du lecteur, plutôt que de constituer de simples procédés autoreprésentatifs" (1993, 217). Miraglia stellt abschließend fest, dass die häufige Integration amerikanischer Intertexte in Poulins Romanen davon zeuge, dass Andersartigkeit nicht zwangsläufig negativ sei:

> L'écriture d'autrui n'est pas ressenti comme néfaste mais comme un phénomène générateur, capable de stimuler la création d'une nouvelle œuvre littéraire qui, tout en partageant certains éléments discursifs avec l'intertexte américain, les dépasse afin d'accéder à l'expression d'une réalité littéraire spécifiquement québécoise. (1993, 222-223)[8]

---

[7] Die Großschreibung der Bezeichnung „der Andere" erfolgt hierbei entsprechend des von Miraglia verwendeten Begriffs „l'Autre" (1993, 11).
[8] Eine Untersuchung des Einflusses der amerikanischen Literatur auf Poulins Werk findet sich in einem Aufsatz Jean-Pierre Lapointes (1989).

Laut Paul G. Sockens Darstellung in *The Myth of the Lost Paradise in the Novels of Jacques Poulin* (1993) besteht die Gemeinsamkeit von Poulins Werken darin, dass in jedem der Romane in unterschiedlichem Maße ein Mythos thematisiert wird – der Mythos des verlorenen Paradieses (vgl. 1993, 10). Jedem der Romane liege eine Schöpfungserzählung zugrunde, welche sich auf unterschiedliche Art zeige, nämlich als „creation of stories, of the self, and of the world" (1993, 15). Socken stellt fest, dass diese drei Arten der Schöpfung dadurch in Zusammenhang stehen, dass das Erzählen bzw. Verfassen von Geschichten Teil des inneren Selbstschöpfungsprozesses ist und dass außerdem die Geschehnisse auf der persönlichen, inneren Ebene des Selbst durch die Erschaffung bzw. Wiedererschaffung der äußeren Welt widergespiegelt werden (vgl. 1993, 15). Er stellt typische Merkmale der *lost-paradise literature* in Poulins Romanen heraus und kommt zu dem Ergebnis, dass im Werk des frankokanadischen Autors die Suche nach dem verlorenen Paradies internalisiert wird und dadurch zu einer inneren Suche des Individuums nach sich selbst wird (vgl. 1993, 88; 112). Bei erfolgreichem Verlauf dieser Suche erlange das Individuum innere Einheit, welche es ihm ermögliche, auch Beziehungen mit anderen einzugehen (vgl. 1993, 113).

Paula Ann Roberts vertritt in ihrer Dissertation *La dualité dans l'œuvre de Jacques Poulin* (1997) den Standpunkt, dass das Konzept der Dualität in Poulins ersten acht Romanen von besonderer Bedeutung ist und dem Gesamtwerk des Autors Kohärenz verleiht (vgl. 1997, 256). Die beiden Seiten dieser Dualität stehen laut Roberts in Poulins frühen Romanen miteinander in Konflikt, allerdings entwickelt sich ihr Verhältnis – mit *Les grandes marées* als Wendepunkt – zu einer Symbiose. Roberts deutet bspw. die Androgynie der Romanfiguren als Zeichen einer sexuellen Dualität (vgl. 1997, 11-13). Diese Art der Dualität ist auch von anderen Forschern untersucht worden, z.B. Jean-Pierre Lapointe (1992) und Lori Saint-Martin (1999).

Der thematische Zusammenhang zwischen Dualität und Identität wird von Jaap Lintvelt untersucht in „La dualité identitaire dans l'œuvre de Jacques Poulin" (1996) und „Le double identitaire et narratif dans les romans de Jacques Poulin" (2000). Er stellt fest, dass es den Protagonisten von Roman zu Roman immer besser gelingt, den weiblichen Teil ihrer Persönlichkeit anzunehmen und dadurch eine innere Einheit zu erlangen. Dies ermögliche schließlich dem Protagonisten des Romans *La tournée d'automne*, eine Beziehung mit einer Frau gleichen Alters einzugehen und sein fortgeschrittenes Lebensalter zu akzeptieren, anstatt sich in seine Kindheit zurückzusehnen (vgl. Lintvelt 2000, 241). Die Verbindung von Männlichkeit und Weiblichkeit in Form der Androgynie sieht Lintvelt gedoppelt auf kultureller Ebene, wo er die Verschmelzung der *américanité* und der *francité* in der *québécité* erkennt (vgl. 2000, 218). Die Suche nach kultureller Identität thematisiert der Forscher auch in „Le voyage identitaire aux États-Unis dans le roman québécois" (2006), wo er anhand einer Analyse des Romans *Volkswagen blues* zu dem Ergebnis kommt, dass der Protagonist dieses Romans durch die von ihm unternommene Reise seine *identité québécoise* findet (vgl. Lintvelt 2006, 66).[9]

Die bisher angesprochenen Themen sind in den verschiedenen Forschungsbeiträgen ausführlicher behandelt worden als andere, die jedoch an dieser Stelle auch Erwähnung finden sollen. Dazu zählen Beiträge, welche die Figur des Schriftstellers und die Darstellung des Schreibprozesses in den Romanen beleuchten. Giacomo Bonsignore hebt bspw. in seinem Aufsatz „Jacques Poulin: une conception de l'écriture" (1985) hervor, dass das Schreiben für die Figur des Schriftstellers in Poulins Werk ein Mittel der Erforschung und des Ausdrucks der eigenen Persönlichkeit darstellt (vgl. 1985, 20). Darüber hinaus haben sich Forscher wie Ginette Michaud in „Récits postmodernes?" (1985) und Janet M. Paterson in „*Le vieux Chagrin*, une histoire de chats? Ou comment déconstruire le postmoderne" (1992) bemüht zu zeigen, dass Poulins Romane in vielerlei Hinsicht einen postmodernen Charakter haben.

Wie die genannten Beiträge zeigen, bezieht sich die Forschungsliteratur überwiegend auf die ersten acht Werke des Autors: *Mon cheval pour un royaume* bis *La tournée d'automne*.[10] Zu Jacques Poulins späteren Romanen ist hingegen nur eine geringe Anzahl von Beiträgen erschienen, was sicherlich daran liegt, dass seit der Veröffentlichung dieser Werke noch nicht genügend Zeit vergangen ist, in der sich die Forscher mit ihnen hätten auseinandersetzen können. *Chat sauvage* wird – neben zwei weiteren Romanen Poulins – von Anne Marie Miraglia untersucht in „Le lecteur fictif et la lecture critique chez Jacques Poulin: du *Vieux Chagrin* à *Chat sauvage*" (2000). Auch Jean Morency befasst sich in seinem kurzen

---

[9] Die Bedeutung des Reisemotivs in *Volkswagen blues* ist auch von anderen Forschern thematisiert worden, siehe Deitz (1991) und Miraglia (1992).
[10] Die Anzahl der Forschungsbeiträge variiert zwischen den einzelnen Romanen jedoch z.T. erheblich, wobei offenbar die meisten Arbeiten zu *Volkswagen blues* verfasst worden sind.

Aufsatz „25 ans de présence américaine dans le roman québécois" (2002) ebenfalls mit *Chat sauvage*, und zwar unter dem Aspekt des Einflusses der amerikanischen Kultur, welcher sich in Poulins neuntem Roman durch die häufige Bezugnahme auf die amerikanische Literatur anhand von Intertexten offenbare (vgl. 2002, 206). Aufgrund der Analyse dieser Intertexte deutet Luc Lavoie in seiner Abschlussarbeit *L'intertextualité dans* Chat sauvage *de Jacques Poulin à la lumière de la question du père* (2006) die gesamte Erzählung des Romans als Versuch des Protagonisten, einen Zugang zur Rolle des Vaters zu finden (vgl. 2006, 30). Der Roman *Les yeux bleus de Mistassini* wird in einem Aufsatz John Christian Sanakers (2007) thematisiert – wenn auch in sehr allgemeiner Weise – sowie in einem kurzen Beitrag Hans-Jürgen Lüsebrinks (2005), der seinen Fokus u.a. auf die schriftstellerische Ausbildung des jungen Jimmy richtet. *La traduction est une histoire d'amour*, Poulins elfter Roman, ist bisher ebenfalls nur selten in der Forschungsliteratur thematisiert worden. In „Romans d'homme, voix de femme" (2007) untersucht Lori Saint-Martin dieses Werk im Hinblick auf die besondere Konstellation, welche sich ihm zufolge immer dann ergibt, wenn die Romane männlicher Autoren aus der Perspektive einer weiblichen Hauptfigur erzählt werden. Zudem hat Anja Siouda (2010) Poulins elften Roman – neben sechs weiteren Werken anderer Autoren – in ihrer universitären Abschlussarbeit analysiert. Zu *L'anglais n'est pas une langue magique* scheinen von Seiten der Forschung noch keine Beiträge verfasst worden zu sein – wenn man von dem kurzen Kommentar Hélène Gaudreaus (2009) in der Zeitschrift *Voix et Images* absieht.

Insgesamt lässt sich feststellen, dass Jacques Poulins Protagonisten in der großen Mehrheit der Forschungsbeiträge als Suchende verstanden werden. Es handelt sich entweder um die Suche nach der Frau im Rahmen einer umfassenderen Suche nach Glück (Hébert), um die Suche nach dem *Anderen* (Miraglia), um die Suche nach dem verlorenen Paradies (Socken) oder um die Suche nach Identität in sexueller bzw. kultureller Hinsicht (Roberts, Lintvelt). Dabei beziehen sich die Forscher jedoch vor allem auf Poulins erste acht Romane, wohingegen in den Beitägen zu *Volkswagen blues* und den nachfolgenden Werken der Fokus zunehmend auf die intertextuellen Verknüpfungen der Romane untereinander und ihre Bezüge auf die Weltliteratur – vor allem die amerikanische Literatur – gerichtet wird (Miraglia, Lavoie). Diese Intertextualität wiederum wird von mehreren Forschern als Kennzeichen eines postmodernen Schreibstils angesehen (Michaud, Paterson). Es bleibt abzuwarten, unter welchen Gesichtspunkten zukünftige Forschungsbeiträge die bisher nur spärlich behandelten Werke *Chat sauvage*, *Les yeux bleus de Mistassini*, *La traduction est une histoire d'amour*, *L'anglais n'est pas une langue magique* sowie den erst kürzlich erschienenen Roman *L'homme de la Saskatchewan* untersuchen werden.

3. Der Identitätsbegriff

Der Begriff Identität wird in der heutigen Zeit häufig verwendet, aber die Bedeutungen, welche man ihm zuschreibt, gehen dabei z.T. weit auseinander. Daher erscheint es zweckmäßig zu ergründen, was unter diesem Begriff genau zu verstehen ist. Auch in der Fachliteratur herrscht zu diesem Thema Uneinigkeit. Zwar scheint man darin übereinzustimmen, dass Identität grundsätzlich zu verstehen ist „als Antwort auf die Frage, was einer ist" (Marquard 1979, 347) bzw. „wer wir sind" (Lübbe 1979, 278), aber es gibt unterschiedliche Meinungen darüber, wie es zu dieser Identität kommt und was sie ausmacht. Die vielen verschiedenen Ansätze zeichnen sich folglich trotz einiger Gemeinsamkeiten eher durch ihre Unterschiede und Eigenheiten aus, sodass es an dieser Stelle nicht hilfreich wäre, den Forschungsstand zu diesem Thema in einer umfassenden Darstellung wiederzugeben.[11] Das Ziel dieses Kapitels liegt vielmehr darin, den Identitätsbegriff im Theoriefeld zu verorten, und zwar über die Erläuterung seiner philosophischen und seiner sozialpsychologischen Dimension. Im Anschluss wird die theoretische Darstellung funktional für die Zwecke der vorliegenden Arbeit zugeschnitten, sodass sie als Basis für die Analyse der einzelnen Romane dienen kann.

3.1 Verortung des Begriffs im Theoriefeld
3.1.1 Philosophischer Identitätsbegriff

Dieter Henrich zufolge kann man Identität in philosophischer Hinsicht definieren als „Prädikat, das eine besondere Funktion hat; mittels seiner wird ein einzelnes Ding oder Objekt als solches von anderen gleicher Art unterschieden; umgekehrt erlaubt dies [sic] Prädikat zu sagen, daß unter verschiedenen Bedingungen und in verschiedenen Zugangsweisen doch nur ein einziger Gegenstand thematisch sein kann" (1979, 135). Henrich weist darauf hin, dass es, im Gegensatz zum sozialpsychologischen Verständnis von Identität, weder notwendig sei, „dass die identischen Einzelnen *durch besondere Qualitäten* voneinander zu unterscheiden sind", noch dass solche Qualitäten ein Grundmuster ergeben müssen, „in Beziehung auf das sie ihr Verhalten orientieren oder durch das dies Verhalten in

---

[11] Aus diesem Grund beziehen sich die nachfolgenden Ausführungen hauptsächlich auf die Beiträge in Marquard/Stierle (1979). Im Bedarfsfall werden sie ergänzt durch Erläuterungen aus Abels (2010).

einheitlichem Zusammenhang zu erklären ist" (1979, 135, Herv. D. P.). Aus philosophischer Sicht müsse einer Person auch dann Identität zugesprochen werden, wenn sie ihre Lebensweise oder ihre Ansichten in regelmäßigen Abständen ändere (vgl. 1979, 135).

Auf der Grundlage philosophischer Ansätze zur Identitätsproblematik, welche laut Henrich bis zu Platon und Aristoteles zurückreichen, formuliert Leibniz eine Definition des Begriffs in dem nach ihm benannten Gesetz: „Zwei sind dann voneinander ununterscheidbar und nur ein Einziges, wenn alles, was von dem einen wahrheitsgemäß gesagt wird, auch von dem anderen gesagt werden darf" (Henrich 1979, 138).[12] Für Kant hingegen ist Identität „nur ein begriffliches Hilfsmittel dafür, Unterscheidungen zu markieren, und kein Prinzip, das einen Platz in der Ontologie haben kann" (Henrich 1979, 138). Eine ähnliche Sichtweise kann man nach Henrichs Auffassung in den Theorien von Thomas Hobbes und John Locke erkennen. Hobbes' nominalistischer Theorie zufolge sei nicht die Substanz eines Gegenstandes, sondern der ihm gegebene Name das entscheidende Kriterium seiner Identität (vgl. Henrich 1979, 139). Locke vertrete die These, dass „wir eine Person dann als dieselbe auffassen, wenn sie sich ihrer früheren Zustände *erinnern* kann, – ganz gleich, welche Körperform oder welche Kräfte ihr zuzusprechen sind" (Henrich 1979, 139, Herv. D. H.). David Hume bezeichne die Identität gar als eine Fiktion, da sie sich immer nur in Beziehung zu etwas anderem ausdrückten, aber zwei Dinge grundsätzlich nicht identisch sein könnten (vgl. Henrich 1979, 139).

Im 19. und 20. Jahrhundert verlagert sich die Identitätsdiskussion laut Odo Marquard aus der Philosophie in den Bereich der Sozialpsychologie, allerdings wird sie in der zweiten Hälfte des 20. Jahrhunderts von philosophischer Seite wieder aufgegriffen (vgl. 1979, 363). Das wieder erstarkte Interesse der Philosophie an der Thematik ergebe sich daraus, dass Identität in jüngerer Zeit vielfach „als Ersatzbegriff für essentia" (Marquard 1979, 358) verwendet werde. Philosophische Antworten auf die neuerlich gestellte Frage nach Identität finden sich Marquard zufolge in den Theorien von Jürgen Habermas und Hermann Lübbe. Habermas sieht in der „Entzweiung des Ich mit der Gesellschaft" (1974, 45) das

---

[12] In diesem Abschnitt werden keine separaten Belege zu den Theorien der Philosophen aufgeführt, da Dieter Henrich ebenso verfährt: „In einer kurzen Übersicht müssen die Theorien der bekanntesten Philosophen der Tradition nicht aus ihren mannigfachen Quellen zitiert werden" (1979, 185).

moderne Identitätsproblem und denkt darüber nach, inwieweit es eine neue Identität geben kann, „die in komplexen Gesellschaften möglich und die mit universalistischen Ich-Strukturen verträglich ist" (1974, 65). Dabei kommt er zu folgendem Ergebnis:

> Kollektive Identität ist heute nur noch in reflexiver Gestalt denkbar, nämlich so, daß sie *im Bewußtsein allgemeiner und gleicher Chancen der Teilnahme an solchen Kommunikationsprozeßen begründet ist, in denen Identitätsbildung als kontinuierlicher Lernprozeß stattfindet.* (1974, 66, Herv. J. H.)

Hermann Lübbe hingegen ist der Auffassung, dass Individuen „erst über ihre Geschichten [...] identifizierbare Identität [gewinnen]" (1979a, 655). Unter Geschichten versteht er „Ereignisabfolgen oder auch strukturverändernde Zustandsabfolgen" (1979a, 655; siehe auch Lübbe 1979b, 280), die nicht planbar sind, weil sie von zufällig auftretenden Faktoren beeinflusst werden. Lübbes Verständnis des Identitätsbegriffs ist entsprechend umfassend:

> Das Identitätskonzept meint Subjekte mit Einschluß dessen, was sie durch ihre disparaten und singulären Herkunftsgeschichten sind. Identität ist das, was die Grenzlinien unserer gerade nicht verallgemeinerungsfähigen Zugehörigkeiten bestimmt, über die wir allein sagen können, wer „wir", nämlich im Unterschied zu den jeweils „anderen", sind. (Lübbe 1979a, 656).

Im Gegensatz zu sozialpsychologischen Theorien, welche die Bedeutung sozialer Rollen mit ihren jeweiligen Verhaltensvorschriften für die Aufrechterhaltung von Identität hervorheben, behauptet Lübbe, ein Rückzug aus diesen Rollen sei ohne Identitätsverlust möglich (vgl. 1979b, 281).

3.1.2 Sozialpsychologischer Identitätsbegriff

Der sozialpsychologische Identitätsbegriff unterscheidet sich laut Dieter Henrich erheblich vom philosophischen Identitätsbegriff, da er Personen nicht *per se* eine Identität zugesteht, sondern davon ausgeht, dass sie diese ab einem gewissen Alter erlangen können und auf diese Weise selbstständig und unabhängig werden (vgl. 1979, 136). Henrich zufolge geht der Begriff in dieser Bedeutung zurück auf den amerikanischen Psychologen William James' (vgl. 1979, 134). Unter Bezugnahme auf dessen Theorie hat George Herbert Mead seine Identitätskonzeption entwickelt (vgl. Henrich 1979, 134). Ein Schlüsselbegriff für Meads Verständnis von Identität ist die Kommunikation: „Die Bedeutung der ‚Kommunikation' liegt in der Tatsache, daß sie eine Verhaltensweise erzeugt, in der der Organismus oder das Individuum für sich selbst ein Objekt werden kann" (Mead 1985, 180). Er stellt fest, dass das Individuum durch Kommunikation – v.a. durch Sprache – in der Lage sei, sich in die Rolle seines Gesprächspartners hineinzuversetzen, sodass es sich aus der Sicht des anderen betrachten sowie seinen eigenen Kommunikationsprozess beeinflussen könne (vgl. 1985, 300). Dadurch werde das Individuum sich seiner selbst bewusst, was die Voraussetzung für Identität sei (vgl. 1985, 184; 302). Die Entwicklung von Identität erfolgt laut Mead in zwei Stadien: dem *Spiel*, in welchem das Kind in der jeweiligen Situation *einen ganz bestimmten* Anderen nachahmt und somit dessen Rolle einnimmt, und dem *Wettkampf* – als *organisiertes* Spiel –, in welchem dem Kind die Rollen *aller* Mitspieler bewusst sein müssen, um die eigene Rolle richtig spielen und auf das Handeln der Anderen entsprechend reagieren zu können (vgl. 1985, 192-194, Herv. D. P.).[13] Die einzelnen Haltungen der beteiligten Personen organisieren sich diesem Ansatz nach zu einer einheitlichen Gesamthaltung der betreffenden Gemeinschaft oder Gruppe, welche als der „verallgemeinerte Andere" (1985, 196) dem Individuum Identität gibt. Diese Feststellung lasse sich von der Spielgemeinschaft auch auf die Gesellschaft insgesamt übertragen (vgl. 1985, 197-203). Darüber hinaus könne man vor diesem Hintergrund zwei Seiten des Ichs unterscheiden: „Das ‚Ich' ist die Reaktion des Organismus auf die Haltungen anderer; das ‚ICH' ist die organisierte Gruppe von Haltungen anderer, die man selbst einnimmt. Die Haltungen der anderen bilden das organisierte ‚ICH', und man reagiert darauf als ein ‚Ich'" (1985, 218).[14] Indem das Individuum die organisierten gesellschaftlichen Haltungen internalisiere, würden diese zu einem Teil seines Organismus (vgl. 1985, 222). Mead stellt daher fest: „Dieser Prozeß der Verknüpfung des eigenen Organismus mit den anderen innerhalb der bestehenden Wechselwirkungen, insoweit sie in das Verhalten des Einzelnen, in den Dialog zwischen ‚Ich' und ‚ICH' hereingenommen werden, machen [sic] die Identität aus" (1985, 222).

Für Erik H. Erikson ist Identität – in den Worten Heinz Abels' – „das Bewusstsein des Individuums von sich selbst und Kompetenz in der

---

[13] Die Großschreibung der Bezeichnung „der Andere" erfolgt in Anlehnung an Mead (1934).
[14] Heinz Abels weist zu Recht auf die unbefriedigende Übersetzung der im englischsprachigen Original verwendeten Begriffe *I* und *me* hin (vgl. 2010, 269).

Meisterung des Lebens" (Abels 2010, 276, Herv. E. H. E.). Unter dem Begriff *persönliche Identität* versteht er die unmittelbare „Wahrnehmung der eigenen Gleichheit und Kontinuität in der Zeit" (Erikson 1981, 18, Herv. E. H. E.). Wenn man das Gefühl hat, dass die „eigene Gleichheit und Kontinuität auch in den Augen der anderen" (1981, 18) gewährleistet ist, spricht er von *Ich-Identität*. Identität entsteht seinem Verständnis nach in der wechselseitigen Beeinflussung von psychosexueller und psychosozialer Entwicklung (vgl. Abels 2010, 279). Seine Entwicklungstheorie besteht aus der Abfolge von insgesamt acht Phasen, welche „durch die Bereitschaft des menschlichen Organismus vorherbestimmt sind, einen sich ausweitenden sozialen Horizont bewußt wahrzunehmen und handelnd zu erleben" (Erikson 1981, 58). In jeder Phase – vom Säuglingsalter bis zum reifen Erwachsenenalter – muss „die gesunde Persönlichkeit" eine Krise bewältigen, aus der sie „mit einem gestärkten Gefühl innerer Einheit, einem Zuwachs an Urteilskraft und der Fähigkeit hervorgeht, ihre Sache ‚gut zu machen', und zwar gemäß den Standards derjenigen Umwelt, die für diesen Menschen bedeutsam ist" (1981, 56). Die Krisen bzw. Konflikte der jeweiligen Phasen und die Grundtugenden, in Form derer sie ihre Lösung erfahren, sind: Urvertrauen *versus* Misstrauen: Hoffnung; Autonomie *versus* Scham und Zweifel: Willenskraft; Initiative *versus* Schuldgefühl: Zweckhaftigkeit; Werksinn *versus* Minderwertigkeitsgefühl: Können; Identität *versus* Identitätsdiffusion: Treue; Intimität *versus* Isolierung: Liebe; Generativität *versus* Selbst-Absorption: Fürsorge; Integrität *versus* Lebens-Ekel: Weisheit (vgl. 1981, 150-151; 1973, 270). Wie Dieter Henrich erläutert, entsteht im Rahmen dieser Konzeption Identität, wenn das Ich „zwischen früheren Identifikationen, in deren Medium sich die Triebentwicklung des Individuums vollzog, und hierarchisch geordneten Rollen in der sozialen Umwelt sowie nach Prinzipien verarbeiteten Informationen eine stabile Synthese aufgebaut hat" (Henrich 1979, 135).

Talcott Parsons hebt in seiner Theorie ebenfalls die Bedeutung der Gesellschaft für die Entwicklung von Identität hervor. Er versteht die Gesellschaft als System, welches wiederum aus anderen Systemen besteht (vgl. Parsons 1967, 19). Das Individuum als Persönlichkeitssystem stehe in sozialen Systemen, wie z.B. der Familie oder einer Schulklasse, unter dem Einfluss der Erwartungen, welche an die von ihm eingenommenen Rollen geknüpft seien; seine Interaktion mit anderen erfolge innerhalb der sozialen Systeme unter den Normen- und Wertevorgaben des kulturellen Systems (vgl. 1967, 14-19, siehe auch Abels 2010, 295-296). Dass sich Individuen hinsichtlich ihrer Identität unterscheiden, liegt daran, dass jedes Individuum „in jedem [...] System menschlicher sozialer Interaktion [...] *sowohl* als *Handelnder*, der ‚motiviert' ist (er hat Wünsche, Ziele, internalisierte Wertorientierungen und natürlich Affekte, ‚Gefühle'), *als auch* als ein *Objekt von Orientierungen*, und zwar für andere Handelnde wie auch für sich selbst, begriffen werden" (Parsons 1968, 73, Herv. T. P.) muss. Heinz Abels beschreibt demzufolge Parsons Konzeption der Identität als „individuelle Variation der Kombination von kultureller Bindung, sozialer Erfahrung und spezifischer Rollenkonstellation" (2010, 301). In Anbetracht der Tatsache, dass die Identität des Einzelnen eng an seine Rollen gebunden sei, stellt Parsons darüber hinaus fest, dass die vielfältigen und komplexen Rollenverpflichtungen, mit welchen sich das Individuum in der modernen Gesellschaft konfrontiert sehe, zur Aufrechterhaltung der Identität systematisch miteinander verknüpft werden müssten (vgl. 1968, 78).

Auch für Thomas Luckmanns Überlegungen zum Thema Identität ist die Bedeutung sozialer Rollen zentral. Ihm zufolge steuert die Gesellschaft mittels sozialer Rollen die Entwicklung von Identität bereits ab dem Kindesalter und v.a. mit Beginn der Sozialisation:

> Sozialstruktur und gesellschaftlich festgelegte Weltauffassung bestimmen konkret die mitmenschlichen 'Spiegelungen', in denen das Kind ein Ich entwickelt, indem sie, erstens über *Rollenzuweisungen* die persönliche Identität jener Erwachsenen modellieren, die dem Kind in seinen frühesten Sozialbeziehungen entgegentreten, und zweitens, indem sie auch schon die frühesten Sozialbeziehungen als *Rollenbeziehungen* prägen. (Luckmann 1979, 302, Herv. T. L.)

Soziale Rollen resultieren laut Luckmann daraus, dass die modernen Gesellschaften zu einem überwiegenden Teil auf einer institutionellen Spezialisierung mit voneinander abgrenzbaren Teilsystemen basieren, zu denen „Wirtschaft, Herrschaft, Religion und Familie" (1979, 305) zählen. Die sozialen Rollen, die sich daraus ergäben, seien „zweckrational" auf die „jeweiligen institutions-spezifischen Grundfunktionen" (1979, 305) ausgerichtet. Die weitgehende Anonymisierung der Rollenhandlungen und das Fehlen einer einheitlich-verbindlichen Weltauffassung in der modernen Gesellschaft wirkten sich zunehmend problematisch auf die Entwicklung und Aufrechterhaltung einer stabilen Identität aus (vgl. 1979, 306-307). Auch wenn Luckmann in Rollendistanz – der Relativierung des absoluten Realitätsanspruchs einer Rollenhandlung – einen möglichen Lösungsansatz sieht, vermutet er, dass die Entwicklung von Identität außerhalb jeder Rollenidentifikation den Menschen auf lange Sicht zu überfordern droht (vgl. 1979, 309-313).

3.2 Konzeption des Begriffs für die nachfolgenden Analysen

In der vorliegenden Arbeit soll der Identitätsbegriff in seiner sozialpsychologischen Bedeutung verwendet werden. Die Ideen, welche im Rahmen der sozialpsychologischen Ansätze vorgestellt wurden, sollen – trotz der unterschiedlichen Herangehensweisen – auf der Basis der erkennbaren Gemeinsamkeiten in einer Weise integriert werden, dass sie sich gegenseitig ergänzen und dadurch in größtmöglichem Maße zur Analyse der Identitätssuche in den Romanen Jacques Poulins beitragen.

In den nachfolgenden Analysen vereint der Identitätsbegriff die individuelle, die soziale und die kulturelle Identität. Für Poulins Protagonisten sind nämlich in ihrer Suche nach dem, was sie sind und was sie ausmacht, drei Aspekte maßgeblich, welche in gegenseitiger Beziehung zueinander stehen: ihre Persönlichkeit – in der Form, wie sie sich bis zu ihrem gegenwärtigen Lebensabschnitt entwickelt hat –, ihre sozialen Rollen und die Einflüsse ihrer kulturellen Herkunft. Die Analyse der Persönlichkeit stützt sich v.a. auf die Erkenntnisse, welche Eriksons Phasenmodell bieten kann, da in diesem die Konflikte beschrieben sind, welche auch den jeweiligen Lebensabschnitt der Romanfiguren zu prägen scheinen. Dabei handelt es sich insbesondere um die Konflikte zwischen Intimität und Isolierung sowie zwischen Generativität und Selbstabsorption, welche Erikson der sechsten bzw. siebten Phase seines Modells zuordnet. Bei der anschließenden Untersuchung der sozialen Rollen in ihrer Bedeutung für die soziale Identität kommt Meads Theorie der Verinnerlichung gesellschaftlicher Haltungen zum Tragen, allerdings stehen die Ansätze von Parsons und Luckmann im Vordergrund, da sie noch deutlicher zeigen können, auf welche Art und in welchem Ausmaß die Figuren bei ihrer Suche nach Identität von ihren privaten und beruflichen Rollen sowie den damit verbundenen Rollenerwartungen beeinflusst werden. In einem dritten Schritt werden kulturelle Einflüsse analysiert hinsichtlich der Bedeutung, welche ihnen z.B. Parsons' Identitätstheorie zuschreibt, um herauszufinden, wie sich diese Einflüsse auf die Identitätssuche von Poulins Protagonisten auswirken. Damit wird die

Untersuchung des jeweiligen Romans in dem entsprechenden Kapitel abgeschlossen.

4. *Chat sauvage* (1998)

Jacques Poulins neunter Roman erzählt die Geschichte von Jack, einem *écrivain public*, der mit seiner Lebensgefährtin Kim, welche als eine Art Psychologin arbeitet, in Québec wohnt. Ein alter Mann sucht ihn auf mit der Bitte, Briefe an seine Frau zu schreiben, welche ihn verlassen hat. Die Gegenwart des Mannes löst in Jack eine Vielzahl von Erinnerungen an seine eigene Vergangenheit aus. Zur gleichen Zeit tritt auch Macha, eine junge Obdachlose, für die sich der Alte Mann[15] verantwortlich zu fühlen scheint, in das Leben der beiden Hauptfiguren. Kim nimmt das junge Mädchen schließlich in ihrem Zuhause auf, während Jack sich dazu entscheidet, dieses für immer zu verlassen.

4.1 Jack – die Identitätskrise eines älteren Mannes

In *Chat sauvage* ist die Identitätssuche des Protagonisten motiviert durch eine Identitätskrise, welche im Verlauf der Erzählung offensichtlich wird. Diese Krise beruht auf Jacks Schwierigkeiten im Umgang mit einem zentralen Problem, mit welchem sich laut Blandine Campion viele der Romanfiguren Poulins auseinandersetzen müssen: „Comment atteindre un équilibre harmonieux entre l'enfance et l'âge adulte, entre le féminin et le masculin, entre l'agressivité et la tendresse?" (1998, 25, siehe auch Hébert 1997, 8) Die Frage, wer er ist, stellt sich für Jack im Rahmen der Spannungsfelder Kindheit *versus* Erwachsensein und Männlichkeit *versus* Weiblichkeit, wobei letzteres mit dem Verhältnis von Aggressivität zu Sanftheit zusammenhängt. Innerhalb des Phasenmodells der Entwicklungstheorie Erik H. Eriksons befindet sich der Protagonist mit seinen 50 Jahren in der siebten Phase, dem Erwachsenenalter im eigentlichen Sinne (vgl. Erikson 1981, 151). Der Erfolg seiner Identitätssuche hängt demnach von der Lösung des Konflikts zwischen Generativität und Selbst-Absorption bzw. Stagnierung ab (vgl. 1981, 117). Unter Generativität versteht Erikson „das Interesse an der Erzeugung und Erziehung der nächsten Generation" (1981, 117), d.h. den Wunsch, ein Kind zu haben. Wenn sich dieser Wunsch nicht entwickle, könne sich ein „Gefühl von Stillstand und Verarmung in den zwischenmenschlichen Beziehun-

---

[15] Entsprechend der französischen Bezeichnung „le Vieil Homme" (*CS* 22) wird in den folgenden Ausführungen die Großschreibung des Adjektivs zur Bezeichnung der Figur übernommen.

gen" (1981, 118) einstellen, sodass der Mensch sich als sein eigenes Kind ansehe. Es gilt folglich zu untersuchen, inwiefern sich die beiden angesprochenen Spannungsfelder auf diesen Konflikt und seine mögliche Lösung auswirken.

4.1.1 Kindheit *versus* Erwachsenensein

Jack befindet sich inmitten eines Spannungsfeldes, welches sich aus der Verbundenheit zu seiner Kindheit einerseits und der Realität seines Lebens als Erwachsener andererseits ergibt. Als Schlüsselereignis, welches die Erinnerungen an diesen Zeitraum in seiner Vergangenheit auslöst, lässt sich der erste Besuch des Alten Mannes ansehen. Es ist bezeichnend, dass dieser bereits in seinem zweiten Satz zu Jack sagt: „Vous êtes si jeune..." (*CS* 10). Der Schriftsteller misst seinem Besucher zunächst keine weitere Bedeutung zu, aber während eines Spaziergangs in der folgenden Nacht überkommt ihn eine vage Vorahnung: „C'était la pleine lune et, dans l'espèce de marais qui semblait exister au fond de mon âme, je sentais bouger des choses troubles sur lesquelles je ne pouvais même pas mettre un nom" (*CS* 18). Da er den Alten Mann in den folgenden Tagen nicht vergessen kann (vgl. *CS* 26), macht sich Jack, von seiner Neugier getrieben, selbst auf die Suche. Dabei hilft ihm eine alte Bekannte, welche in einem Restaurant als Bedienung arbeitet: „Je l'ai vu, dit-elle après quelques instants de réflexion, mais ce n'est pas un nouveau. Il était là dans le temps. Seulement vous l'avez oublié, c'est votre mémoire qui vous joue des tours" (*CS* 31). In der gleichen Weise wie der Alte Mann immer da war, ohne von Jack bemerkt worden zu sein, hat der Protagonist bis zum gegenwärtigen Zeitpunkt auch immer an seiner Kindheit festgehalten, ohne sich dessen bewusst gewesen zu sein. Er muss im Gespräch mit Marie sogar zugeben, dass der Alte eine gewisse Ähnlichkeit mit seinem eigenen Vater hat (vgl. *CS* 31).

Jack erfährt schließlich den Namen des Mannes und dessen Adresse in Limoilou, einem Vorort von Québec, und macht sich gleich auf den Weg dorthin. Von seinem Minibus aus beobachtet er die Fenster der Wohnung des Alten Mannes und bemerkt, dass dieser die Übertragung einer Eishockeypartie im Fernsehen verfolgt. Daraufhin hört sich der Schriftsteller die Berichterstattung im Radio an. Ein Gefühl der Zusammengehörigkeit stellt sich ein, da Jack sich an eine Situation aus seiner Vergangenheit erinnert fühlt:

> Il y avait longtemps que je ne m'étais pas senti aussi bien. J'étais heureux d'être là, une sorte de paix s'était installée en moi et, curieusement, mon sentiment de bien-être semblait venir du simple fait que je partageais quelque chose avec le Vieux. Brusquement, une série d'images fulgurantes me fit comprendre que la véritable cause était plus ancienne: c'était dans mon village natal de Marlow, j'étais couché dans une petite chambre avec mon frère tandis que mon père écoutait le hockey à la radio dans le salon, et lorsque notre équipe marquait un but, je me levais à toute vitesse, sachant qu'il allait me permettre de passer un moment avec lui sur le divan. (*CS* 52)

Abermals assoziiert der Protagonist den Alten Mann mit seinem Vater und positiven Bildern aus seiner Kindheit, wobei er sogar explizit von einer „fascination du passé" (*CS* 52) spricht. Als der Schriftsteller erfährt, dass der Alte wie sein Vater aus Marlow stammt (*CS* 55), nehmen die Parallelen zwischen den beiden ein beunruhigendes Ausmaß an, sodass Jack ahnt, dass die Erinnerungen ihn nun nicht mehr loslassen werden: „Les vieilles images étaient sorties de l'ombre et préparaient une attaque, et j'allais être obligé de lutter de toutes mes forces contre cette invasion. Mais si vous avez un certain âge, dans ce genre de combat, la partie est perdue d'avance" (*CS* 55). Auch wenn er ahnt, dass es nicht gut für ihn ist, sich den Erinnerungen an seine Kindheit hinzugeben, scheint der Protagonist ihnen hilflos ausgeliefert zu sein.

Die Rückbesinnung auf seine eigene Kindheit, welche die Begegnung mit dem Alten Mann in Jack ausgelöst hat, tritt immer deutlicher hervor, z.B. als Kim von einem ihrer früheren Patienten, einem Architekten, erzählt und auf dessen familiären Hintergrund eingeht: „Il avait été élevé par un père qui se laissait parfois aller à des colères noires, et par une mère chaleureuse et surprotectrice" (*CS* 74). Über die Identifikation mit diesem Patienten taucht Jack erneut in die Welt seiner Erinnerungen ein: „Mes parents ressemblaient comme frère et sœur à ceux de l'architecte et je sympathisais avec lui" (*CS* 74). Ähnlich reagiert der Protagonist, als ihm die junge Macha einen Satz aus einem Roman John Fantes zitiert, den der Vater des Erzählers zu seinem Sohn, einem Schriftsteller, sagt: „Va écrire tes histoires, petit!" (*CS* 109) Der Satz erinnert Jack an eine Äußerung seines eigenen Vaters, als er diesem von seinem Vorhaben, Schriftsteller werden zu wollen, erzählt hat (vgl. *CS* 109-110). Sogar Old Orchard Beach, das Reiseziel des Kurzurlaubs der beiden Hauptpersonen, ist für den Schriftsteller mit Erinnerungen behaftet: „C'était là que mon père nous avait emmenés à voir l'océan Atlantique dans mon enfance" (*CS* 123). Als der Protagonist sich nach Kims Eindrücken von der

Unterhaltung zwischen dem Alten Mann und Macha erkundigt, offenbart sich seine Sehnsucht nach der eigenen Kindheit endgültig: „Et le Vieil Homme, comment était-il avec elle? Autoritaire?... Paternel?... Amoureux? [...] Certains mots, comme le dernier que je venais de prononcer, avaient le don d'éveiller en moi des émotions très anciennes" (*CS* 166).

Alle diese Beispiele bekräftigen den Eindruck, dass Jack immer stärker in den Bann der Vergangenheit gezogen wird. Demgegenüber wird ihm allerdings auch mehrfach sein alternder Körper vor Augen geführt, sodass der daraus resultierende Kontrast die Spannung zwischen den Kindheitserinnerungen und der Realität des Erwachsenenseins verstärkt. Dies geschieht bspw., als der Protagonist mit Macha auf dem Weg zu einem Restaurant ist: „Une vitrine, tout à coup, me renvoya une image qui m'atteignit comme un couteau en pleine poitrine: celle d'un homme aux cheveux gris, très maigre, accompagnant une fille dont il avait l'air d'être le grand-père, en mettant les choses au mieux" (*CS* 105). Der Gegensatz zwischen seinem Spiegelbild und dem des jungen Mädchens zeigt dem Schriftsteller schonungslos den bestehenden Altersunterschied auf. Auch als er an anderer Stelle zu Kim ins Badezimmer geht, sieht er im Spiegel „un personnage très maigre ressemblant au Vieil Homme" (*CS* 122). Als ein unzufriedener Kunde sein Büro verlässt, merkt Jack, dass sich sein innerer Konflikt zwischen Kindheit und Erwachsenensein zuspitzt: „[Il] me laissa[it] seul avec la déprimante pensée qu'un jour ma vie allait devenir une chose uniformément grise et sans joie, moi qui, en dépit de mon âge, me sentais encore proche d'une enfance qui s'était passée dans la lumière, la pleine lumière du soleil" (*CS* 176). So kann man feststellen, dass es dem Protagonisten nicht gelingt, die aus diesem Konflikt resultierende Spannung zu lösen. Durch die Dominanz der Vergangenheit kann sich das notwendige Gleichgewicht zwischen den beiden Lebensabschnitten nicht einstellen. Dies wirkt sich entsprechend negativ auf den Kernkonflikt zwischen Generativität und Selbst-Absorption bzw. Stagnierung aus. Die Grundtugend der Fürsorge, über deren Entwicklung dieser Konflikt laut Erikson überwunden werden kann (vgl. 1973, 270), erweist sich im Fall des Schriftstellers nicht als mögliche Lösung. Sein Festhalten an der Vergangenheit ist nicht vereinbar mit der Vorstellung, ein Kind haben zu können, da er selbst als derjenige auftritt, welcher sich nach der elterlichen Fürsorge aus seiner Kindheit sehnt.

Dies verstärkt den Kernkonflikt und erschwert damit Jacks Identitätssuche erheblich.

4.1.2 Männlichkeit *versus* Weiblichkeit

Auch das Spannungsfeld Männlichkeit *versus* Weiblichkeit wirkt sich auf den Kernkonflikt des alternden Schriftstellers aus und beeinflusst somit seine Suche nach individueller Identität. Dies ist laut Jaap Lintvelt typisch für Poulins Romanfiguren: „Les romans de Poulin montrent clairement que les stéréotypes masculin et féminin ne coïncident pas forcément avec les sexes biologiques" (2000, 218). Ebenso wie Lintvelt gebraucht auch Paula Ann Roberts in diesem Zusammenhang den Begriff Androgynie, welchen sie wie folgt beschreibt: „L'androgyne est un être dont le genre est duel: un homme qui manifeste des traits ou des comportements traditionnellement féminins ou une femme qui démontre des traits ou des comportements traditionnellement masculins" (1997, 9). Von Pierre Delisle in *Mon cheval pour un royaume* bis zum Chauffeur in *La tournée d'automne* sehen sich Poulins Protagonisten mit der Frage konfrontiert, wie sie mit der weiblichen Seite ihrer Persönlichkeit umgehen sollen (vgl. Lintvelt 2000, 241).

Rein äußerlich kann man bei Jack und Kim keine Gemeinsamkeiten feststellen, die auf Androgynie hindeuten könnten – im Gegensatz zu bspw. Jim und Marika in *Le vieux chagrin* oder dem Chauffeur und Marie in *La tournée d'automne*. Die stereotypen Unterschiede zwischen den Geschlechtern werden allerdings in anderer Weise aufgehoben. Jacks weibliche Seite offenbart sich in seinen Charaktereigenschaften, unter denen Sanftheit und Passivität am stärksten hervorstechen. Seine Sanftheit erkennt man an der Wertschätzung kleiner Anzeichen menschlicher Herzlichkeit, wie z.B. der „petite flamme au fond des yeux" (*CS* 24) einer Bedienung oder der „chaleur humaine" (*CS* 24), welche er im *Vieux-Québec* verspürt. Vor allem aber führt sie zur vollkommenen Unfähigkeit, sich selbst aggressiv zu zeigen, was den Schriftsteller hilflos erscheinen lässt, sobald Aggressivität von anderen Figuren ausgeht. Bei einem abendlichen Spaziergang zwingt ihn ein Obdachloser dazu, ihm sein Bargeld auszuhändigen, aber er lässt dem wehrlosen Protagonisten letztlich aus Mitleid genug Geld für ein Sandwich (vgl. *CS* 20-21). Als Jack die junge Macha verfolgt, wird er prompt selbst von dem Mädchen überrascht: „Elle pointait quelque chose vers moi à travers le manchon de son sweat-shirt" (*CS* 102). Erneut steht er als hilfloses Opfer einem Aggressor – in diesem Fall sogar einem jungen Mädchen – gegenüber. Auch einen Überfall in Acapulco, von dem er Kim erzählt, hat der Protagonist nicht durch eigene Gegenwehr überlebt, sondern nur weil ein Passant seine Hilferufe gehört hat (vgl. *CS* 127-129).

In Jacks Verhalten gegenüber Kim schlägt sich seine Sanftheit in einer außergewöhnlichen Passivität nieder. Seit ihrer ersten Begegnung ist Kim es gewesen, die in den entscheidenden Situationen die Initiative übernommen hat (vgl. *CS* 62). Innerhalb der gemeinsamen Beziehung gehen die Zärtlichkeiten, welche die beiden miteinander teilen, ausschließlich von ihr aus: Sie legt sich zu Jack aufs Sofa und legt ihre Arme um ihn (vgl. *CS* 17), küsst ihn (vgl. *CS* 70) oder hüllt sie gemeinsam in ihren Kimono (vgl. *CS* 77). Dies ist Jack durchaus bewusst: „Entre Kim et moi, il n'existait pas de règles, mais nous avions nos petites manies. Pour ma part, je ne montais pas chez elle sans y être invité: je n'avais pas envie de faire le premier pas" (*CS* 112). Der Protagonist schafft es nicht einmal, das durchaus nachvollziehbare Gefühl der Eifersucht, welches er verspürt, wenn Kim von ihren Patienten mitten in der Nacht aufgesucht wird (vgl. *CS* 18; 221) bzw. mit ihnen einen Tag am See verbringt (vgl. *CS* 111), gegenüber seiner Lebensgefährtin anzusprechen. Vor dem Hintergrund dieser Beispiele ist es nicht verwunderlich, dass der Schriftsteller vollkommen überfordert ist, als er selbst Stärke zeigen soll im Umgang mit Kim, nachdem diese von einem Patienten angegriffen worden ist: „Elle geignait comme un bébé, et j'étais surpris et intimidé parce que, depuis le début, elle incarnait à mes yeux la force, la stabilité" (*CS* 117).

Stereotype männliche Eigenschaften werden nicht Jack, sondern vielmehr Kim zugewiesen, sodass man sich an eine Theorie erinnert fühlt, welche Jack Waterman in *Volkswagen blues* aufstellt: „D'après lui, il fallait distinguer entre les faux doux et les vrais doux. Les faux doux étaient des gens faibles ou peureux; ils avaient du mal à vivre et étaient incapables de se montrer agressifs. Les vrais doux étaient ceux qui avaient confiance en eux-mêmes; ils ne se sentaient pas menacés et n'éprouvaient pas le besoin d'être agressifs" (*VB* 234). Genau wie Jack Waterman muss auch der Protagonist des Romans *Chat sauvage* zur ersten der beiden Gruppen gezählt werden. Seine weibliche Seite hat eine so große Bedeutung, dass das Gleichgewicht zwischen Männlichkeit und Weiblichkeit verloren geht, wie Paula Ann Roberts feststellt: „Le protagoniste poulinien embrasse la féminité à tel point que sa masculinité inhérente semble s'aliéner ou s'estomper" (1997, 25). Aus diesem Grund scheitern auch jegliche sexuelle Beziehungen: Jack ist von seiner Frau verlassen worden (vgl. *CS* 88) und in seiner Beziehung mit Kim wird Sexualität allenfalls angedeutet. In den entscheidenden Augenblicken schläft Jack jedoch entweder ein (vgl. *CS* 17) oder einer von Kims Patienten taucht auf (vgl. *CS* 59) oder aber Macha steht plötzlich in der Schlafzimmertür (vgl. *CS* 222). Dies ist laut Roberts wiederum typisch für Poulins Romane: „Le protagoniste est en compagnie d'une femme qui représente un idéal pour lui et avec laquelle il partage une amitié platonique au lieu d'un amour sexuel" (1997, 32). Tatsächlich wird Kim von Jack mehrmals als Schwester bezeichnet (vgl. *CS* 117; 203).

Insgesamt bleibt für den Schriftsteller das notwendige Gleichgewicht aus Männlichkeit und Weiblichkeit unerreichbar:

> La plupart des protagonistes pouliniens sont obligés de troquer leur masculinité ‚innée' contre une féminité ‚étrangère'; la perte de celle-là comme la poursuite de celle-ci représente une aliénation problématique plutôt qu'une harmonie idéale. Ainsi, l'équilibre masculin-féminin de l'androgyne ne se réalise pas. (Roberts 1997, 30-31)

Aufgrund dieses unausgewogenen Verhältnisses und der daraus resultierenden Unsicherheit hinsichtlich der sexuellen Identität wird die Lösung des Kernkonflikts zwischen Generativität und Selbst-Absorption erschwert, was sich insgesamt negativ auf Jacks Identitätssuche auswirkt.

4.2 Jacks soziale Rollen

4.2.1 Privatleben

In Jacks Privatleben scheint Kim die wichtigste Bezugsperson zu sein, denn er bezeichnet sie als diejenige, die er am meisten liebt (vgl. *CS* 144). In beruflicher Hinsicht sieht sie sich als eine besondere Art von Psychologin an: „Je n'essaie pas de rendre les gens normaux. […] Je veux leur donner la chance d'aller au bout de leurs capacités, sans tenir compte des normes sociales. […] [E]n ce moment je cherche une méthode qui me permettrait de m'occuper du corps autant que de l'âme" (*CS* 69). Obwohl die beiden Hauptfiguren eine gemeinsame Beziehung führen und unter einem Dach wohnen, tritt Jack im Verhältnis zu Kim nicht in der Rolle des Lebensgefährten auf, wie man es erwarten könnte. Auffällig ist, dass die beiden kaum etwas über die Vergangenheit des jeweils anderen wissen (vgl. *CS* 58), was der Protagonist wie folgt erklärt: „D'un commun accord, nous ne parlâmes que très peu de nos dernières amours et du passé en général. Le présent nous intéressait davantage" (*CS* 72). Die Fotos in Kims Schlafzimmer lassen darauf schließen, dass sie möglicherweise bereits verheiratet war und eine Tochter hat (vgl. *CS* 113), aber angesprochen wird dieses Thema nicht. Da auch die Sexualität in ihrer Beziehung nicht über Andeutungen hinausgeht (siehe Kap. 4.1.2), scheint Jack die Erwartungen, welche an seine Rolle als Kims Lebensgefährte gerichtet sind, nicht zu erfüllen, sodass sich die Frage stellt, welche Rolle er ihr gegenüber tatsächlich einnimmt. Es entsteht mehrfach der Eindruck, dass es sich um ein Verhältnis zwischen Psychologin und Patient handelt, z.B. wenn er sie als besonders gute Zuhörerin beschreibt:

> Sa façon d'écouter était unique. En lui racontant quelque chose, je pouvais suivre sur son visage, presque aussi bien que dans un miroir, les émotions qui affleuraient sous mes paroles, et cela me permettait déjà de distinguer l'important de l'accessoire [...] Elle écouta attentivement le récit de ma soirée, ne posa aucune question et se contenta d'attendre. (*CS* 58)

Die Fähigkeit, besonders aufmerksam zuhören zu können, ist eine der Eigenschaften, die man von einer guten Therapeutin erwartet. Jacks Darstellung dieser Situation geht nahtlos über in eine allgemeine Beschreibung des Verhältnisses zwischen Kim und ihren Patienten, sodass sich die Vermutung erhärtet, dass er ihr gegenüber ebenfalls die Rolle eines Patienten einnimmt. An anderer Stelle wird die Beschreibung noch deutlicher: „Ce qui m'étonnait le plus, c'était de constater à quel point elle aimait ses patients; jusque-là, il ne m'était jamais venu à l'esprit qu'une thérapie pouvait être une histoire d'amour" (*CS* 76). Wenn diese Art der Therapie als „histoire d'amour" beschrieben wird, muss man sich die Frage stellen, ob Jack und Kim tatsächlich als sich liebende Partner anzusehen sind oder doch eher als Patient und Therapeutin.

Der Protagonist nimmt jedoch überwiegend eine Rolle ein, welche der eines Patienten zwar sehr ähnelt, aber eigentlich in direktem Zusammenhang mit dem Konflikt zwischen Kindheit und Erwachsenensein (siehe Kap. 4.1.1) steht. Es handelt sich um die Rolle eines Kindes im Verhältnis zu seiner Mutter. Der Schriftsteller befindet sich – bewusst oder unbewusst – ständig auf der Suche nach dieser Mutterfigur, wie sich daran zeigt, dass ihm beim Betrachten von Buchtiteln in der Bücherei ausgerechnet das Wort „MÈRE" (*CS* 34) ins Auge fällt oder dass er mit einem von Kims früheren Patienten sympathisiert, dessen Alkoholkrankheit sie als „demande d'affection adressée à la mère" (*CS* 74) gedeutet hat. Teilweise verhält sich Jack sogar wie ein Kind. Nach seiner Rückkehr aus Limoilou, wo er den Alten Mann aufsuchen wollte, ist sein Zustand nicht normal, er lässt die Tür des Minibusses und die Türen des Hauses zuschlagen und beginnt im Appartement eine CD in maximaler Lautstärke zu hören (vgl. *CS* 56). Solche Reaktionen würde man vermutlich eher von einem Jugendlichen als von einem reifen Erwachsenen erwarten, welcher augenscheinlich darauf hofft, dass die Mutterfigur – in diesem Falle Kim – sein Verhalten richtig deutet und mit entsprechender Fürsorge darauf reagiert: „Kim ne fut pas longue à comprendre le message. Allongé sur le lit, un oreiller serré sur ma poitrine, j'entendis des pas rapides dans son bureau, au-dessus de ma tête" (*CS* 56). Durch ihre „chaleur enveloppante" (*CS* 58) kann sie Jack beruhigen. Der Schriftsteller ist sich seines Verhaltens dabei durchaus bewusst, wie die folgende – nicht weiter erläuterte – Andeutung hinsichtlich ihres gemeinsamen Sexuallebens verdeutlicht: „À cause de certains souvenirs de la petite enfance, chacun de notre côté, nous avions décidé que le sexe était l'affaire des enfants. Ce soir-là, justement, j'avais envie de me comporter comme un enfant" (*CS* 59). Die Psychologin tritt auch als Mutterfigur in Erscheinung, als der Protagonist durch die Erinnerung an den Tod seines Bruders aufgewühlt wird: „Kim, pour me calmer, me frotta doucement le dos. Cela me réconforta et me fit sourire: c'était justement ce que ma mère avait coutume de faire quand j'étais petit, mais j'évitai de le mentionner" (*CS* 83). Gegenüber Macha hebt der Schriftsteller sogar explizit die mütterliche Seite der Persönlichkeit seiner Partnerin hervor (vgl. *CS* 104).

Entscheidend für Jacks Rolle gegenüber Kim ist jedoch v.a. das Auftauchen des Alten Mannes und der jungen Macha. Zu dem Mann verspürt er eine besondere Verbindung:

> Je sentis alors, plus nettement que les autres fois, que des liens mystérieux et puissants m'attachaient à ce curieux vieillard. Des liens qui n'étaient pas du même ordre que les rapports professionnels. Des liens qui avaient quelque chose à voir avec mes parents décédés, avec l'âme voyageuse de mon frère et le pays incertain vers lequel nous étions tous emportés depuis le commencement du monde. (*CS* 183)

Als er den Alten Mann ein zweites Mal aufsuchen will und niemand auf sein Klingeln antwortet, erkundigt er sich nach dessen Verbleiben bei den Nachbarn und behauptet dabei – für sich selbst überraschend: „C'est mon père" (*CS* 195). Während der Protagonist an früherer Stelle nur eine gewisse Ähnlichkeit festgestellt hat (vgl. *CS* 31), bezeichnet er nun den Mann explizit als seinen Vater. Das Wiederauftauchen des Vaters in der Figur des Alten Mannes bekräftigt Jacks eigene Rolle als Kind, was man erkennen kann, als er ihm seine Lebensgefährtin Kim zeigt: „Je me sentais à la fois coupable et heureux. Était-ce parce que nous formions une sorte de triangle? Ou parce que le Vieux ressemblait à mon père?" (*CS* 154) Das angesprochene Dreieck besteht aus den Rollen, welche die drei Figuren aus der Sicht des Schriftstellers einnehmen: Er selbst sieht sich als Kind, während der Alte Mann und Kim die Eltern repräsentieren. Da er die Vaterfigur nicht verlieren möchte, ist Jack sehr am Schicksal des Mannes interessiert und versucht immer wieder ihn aufzusuchen. Als er ihn schließlich gedankenversunken am Fluss stehen sieht, wird dem Protagonisten bewusst, dass der Alte Mann über den Tod nachdenkt. Er vermutet, dass die Briefe, welche er in dessen Auftrag verfasst hat, nicht an eine Frau gerichtet sind. Vielmehr dienen sie dem Mann als Mittel zur Auseinandersetzung mit dem Tod. Der Schriftsteller ist erleichtert, als der Alte sich schließlich vom Wasser abwendet und in die Stadt zurückgeht (vgl. *CS* 217).

Auch ein möglicher Verlust der Mutterfigur macht Jack Angst. Kim gerät tatsächlich in Gefahr, als sie von einem ihrer Patienten angegriffen und verletzt wird (vgl. *CS* 117). Dem schockierten Schriftsteller fällt es schwer zu verstehen, warum er im Wohnzimmer die Reste großer Mengen von Alkohol findet und warum seine Lebensgefährtin – nur mit einem Laken bekleidet – in einem Bett liegt, welches den Anzeichen nach auch von einer zweiten Person benutzt worden ist (vgl. *CS* 116-117). Kim stellt dazu lediglich fest: „Je suis sortie de mon rôle" (*CS* 118). Auch wenn sie eine eindeutige Erklärung schuldig bleibt, könnte ihre Äußerung bedeuten, dass sie die Grenzen ihrer Rolle als Psychologin im Umgang mit ihrem Patienten überschritten hat. Eine wesentlich größere Gefahr für die von Jack empfundene Rollenkonstellation, in welcher Kim den Platz der Mutter einnimmt, stellt jedoch die junge Macha dar. Nach dem Kurzurlaub in Old Orchard Beach findet er das Mädchen schlafend im Erdgeschoss von Kims Haus, aber wenige Minuten später ist es bereits wieder verschwunden (vgl. *CS* 146). Als die Psychologin davon erfährt, zittert ihre Stimme und sie geht allein in ihre Wohnung, während Jack die Koffer in den zweiten Stock trägt (vgl. *CS* 147). Der Schriftsteller hofft, dass seine Lebensgefährtin ihn einlädt, den Rest der Nacht bei ihr zu verbringen. Er wartet jedoch vergeblich, da sie völlig übermüdet in ihrer Praxis eingeschlafen ist (vgl. *CS* 148). Der Protagonist spürt unbewusst, dass mit Machas Ankunft seine bisherige Rollenbeziehung zu Kim aufzubrechen droht: „J'étais inquiet, mais il m'était impossible de savoir ce qui n'allait pas; une menace rôdait autour de moi, c'était tout ce que je pouvais dire" (*CS* 148). Obwohl er die Gefahr nicht in Worte fassen kann, verweist die Wahl des Verbs „rôder" zweifellos auf das junge Mädchen, welches an späterer Stelle mit einer Raubkatze verglichen wird (vgl. *CS* 197).

Jacks Ängste zeigen sich deutlich, als er einige junge Schwalben beobachtet, welche von ihren Eltern zu ersten Flugversuchen gedrängt werden: „Que les jeunes hirondelles hésitent à quitter la chaleur du nid familial et à sauter dans le vide [...], je pouvais très bien le comprendre. À leur place, j'aurais éprouvé les mêmes craintes" (*CS* 150). Als der Protagonist sieht, dass die jungen Schwalben die Wärme des elterlichen Nestes verlassen müssen, fürchtet auch er, aus seinem schützenden Zuhause verdrängt zu werden:

> À travers les brumes qui avaient envahi mon cerveau, je pressentais que le danger qui planait au-dessus de ma tête s'était rapproché. Au cours de la nuit qui suivit, je fis un rêve qui me ramena à ma petite enfance et je me réveillai avec des sentiments qui n'étaient sans doute pas très éloignés de ceux qu'avait éprouvés, au moment de sauter dans le vide, la dernière des jeunes hirondelles. (*CS* 169)

Jacks Befürchtungen scheinen in der Tat einzutreffen. Als er aus Limoilou zurückkehrt, liegt Macha vor dem Haus im Gras und seine Lebensgefährtin ist bester Laune: „Kim souriait et la lumière que je voyais dans ses yeux était si chaleureuse, si invitante que, croyant qu'elle m'encourageait, je me mis à lui caresser le dos et un peu sournoisement le haut des fesses, et à l'embrasser dans le cou et au bord de l'oreille" (*CS* 200). Sie weist seine Zärtlichkeit jedoch sanft zurück, sodass Jack sich der Tatsache bewusst wird, dass ihre Augen aufgrund der Gegenwart des Mädchens leuchten und nicht aus Freude ihn wiederzusehen. Der Protagonist ist eifersüchtig, da Kims Fürsorge nun nicht mehr ihm, sondern der jungen Obdachlosen zu gelten scheint (vgl. *CS* 201). Zugleich weiß er um die Konsequenzen, welche sich aus Kims Muttergefühlen gegenüber Macha für seine eigene Rolle ergeben könnten. Die Anzeichen verdichten sich, als Kim das folgende Wochenende allein mit Macha am *Lac Sans Fond* verbringen möchte, sodass Jack vollkommen allein zurückgelassen wird, da nicht einmal ihre Katze bei ihm bleiben möchte (vgl. *CS* 203). Nachdem die beiden zurückgekehrt sind, bemerkt der Schriftsteller, dass sich das junge Mädchen verändert hat: „Son visage, ordinairement buté, était éclairé par une lumière semblable à celle qu'on voit dans les yeux d'un animal apprivoisé. Elle portait des vêtements neufs" (*CS* 218). Durch mütterliche Fürsorge ist die einst wilde Macha offensichtlich gezähmt worden. Als Kim ihm mitteilt, dass sie dem Mädchen zuliebe ihre Arbeitszeiten ändern werde, ist Jack zwar glücklich darüber, dass sie zukünftig nicht mehr nachts arbeiten wird, aber seine Freude wird dadurch getrübt, dass Macha der Grund dieser Veränderung ist (vgl. *CS* 220-221). Der Schlafsack des Mädchens, welcher an Kims Schlafzimmertür hängt, wirkt auf ihn wie das Zeichen eines siegreichen Kampfes (vgl. *CS* 221) – und zwar des Kampfes um die Rolle des Kindes, welche der Protagonist nun nicht länger ausfüllen kann. Indem die Psychologin Macha einlädt, sich zu ihr, Jack und der Katze ins Bett zu legen (vgl. *CS* 223), nimmt sie das Mädchen symbolisch in ihre Familie auf und scheint dabei dem Schriftsteller die Rolle des Vaters anbieten zu wollen. Dieser spürt, dass es für ihn in Kims Leben keinen Platz mehr geben wird – jedenfalls nicht in der Rolle des Kindes: „Il y avait en elle [Macha] quelque chose de dur comme un diamant, quelque chose de pur et d'intransigeant qui me fit comprendre que mon séjour dans la maison de briques rousses touchait à sa fin" (*CS* 224).

Zusammenfassend lässt sich feststellen, dass Jack in der Beziehung zu Kim nicht als Lebensgefährte in Erscheinung tritt, wie man es gemeinhin erwarten würde, sondern als Patient und in der Rolle eines Kindes. Diese Rolle wird jedoch durch die Ankunft der jungen Macha neu besetzt, da Kim nunmehr ihr gegenüber als Mutterfigur auftritt. Dem Protagonisten bietet sich jetzt die Möglichkeit, im Rahmen der neuen Konstellation die Rolle des Vaters zu übernehmen, was er jedoch ablehnt, indem er die Welt seiner Lebensgefährtin und des jungen Mädchens verlässt. Luc Lavoie stellt dazu fest: „La quête de Jack aura échoué parce qu'il n'a pas voulu du rôle que lui octroyait Kim: elle voulait qu'il passe au rang de père pour qu'enfin tous les personnages puissent prendre la place qui leur était assignée, c'est-à-dire les places de père, mère et enfant" (2006, 115). Jack gibt das bisherige Rollenschema seines Privatlebens auf und verliert damit zugleich einen wichtigen Teil dessen, was seine soziale Identität ausgemacht hat.

4.2.2 Berufsleben

Jack bezeichnet sich selbst als „une sorte d'écrivain" (*CS* 69), genauer gesagt als „un écrivain public" (*CS* 69). Als öffentlicher Schriftsteller wird er von Kunden mit unterschiedlichen Anliegen aufgesucht. Bei Lebensläufen und offiziellen Briefen ist sein Fachwissen erforderlich, bei Liebesbriefen hingegen v.a. sein Einfühlungsvermögen (vgl. *CS* 69). Ein vertrauensvolles Verhältnis zu seinen Kunden ist für den Protagonisten daher besonders wichtig: „Je préférais travailler dans une ambiance chaleureuse et un peu désuète. [...] Je tenais à ce que le moins de choses possibles s'interposent entre le client et moi: pas de dossier, pas d'agenda, pas de téléphone, rien de ce qui pouvait lui donner l'impression qu'il n'était pas unique au monde" (*CS* 45-46). Jacks Arbeitsweise zeigt, dass er seinen Beruf sehr ernst nimmt und dass man ihn durchaus als Profi bezeichnen könnte. Für Bewerbungen und Lebensläufe verfügt er bspw. über „une série de formules toutes faites, soigneusement rangées dans la mémoire de mon ordinateur" (*CS* 26). Diese Professionalität zeigt sich auch in seiner besonderen Methode zum Verfassen von Liebesbriefen:

> J'avais inventé une méthode originale. Une méthode dont j'évitais de parler aux clients pour la simple raison qu'elle était inacceptable d'un point de vue moral. Elle consistait à insérer dans mes lettres certaines phrases que j'avais choisies dans la correspondance amoureuse des auteurs célèbres: ces phrases forgées par des esprits plus brillants que le mien, et qui avaient survécu à l'épreuve du temps, semblaient avoir la capacité d'émouvoir les destinataires. (*CS* 27)

Der Protagonist ist sich des Plagiats bewusst und sieht sich selbst auch nicht als einen echten Schriftsteller an, weil er überwiegend keine eigene kreative Leistung erbringt. Als Kim ihn bei einer ihrer ersten Begegnungen fragt, ob sein Beruf darin bestehe, dass er für andere Menschen schreibe statt für sich selbst, wirkt sich die darin ausgedrückte Wertschätzung umso stärker auf sein angekratztes Selbstbild aus: „Cette façon de dire les choses me plut beaucoup et me fit remonter dans ma propre estime" (*CS* 69).

Jack ist am Schicksal seiner Kunden und dem Erfolg seiner Arbeit sehr interessiert. Abgesehen von dem Alten Mann, mit dem sich der Protagonist verbunden fühlt und auf dessen Rückkehr er geradezu sehnsüchtig wartet, sind die Beziehungen zu seinen anderen Kunden geprägt von großer Herzlichkeit und gegenseitigem Vertrauen, wie sich beispielsweise in Jacks Umgang mit seiner Lieblingskundin Maddalena erkennen lässt. Das Zimmermädchen hat sich in einen Mann aus Chicoutimi verliebt, welchem sie jedoch noch nicht von ihrem Sohn erzählt hat (vgl. *CS* 43). Der Schriftsteller ist sich der Bedeutung seiner Arbeit in diesem Fall bewusst: „Elle comptait sur moi pour trouver les mots capables d'emporter la décision de son amoureux" (*CS* 43). Jack ist sehr glücklich über das Schreiben, welches Maddalena als Antwort auf den ersten Brief erhalten hat, den er für sie verfasst hatte. Auch wenn er sich seine Zufriedenheit nicht anmerken lassen will, kann man erkennen, dass ihm der Erfolg seiner Arbeit offensichtlich große Freude und Genugtuung bereitet: „Je faisais le modeste. À la vérité, non seulement j'étais satisfait du résultat, mais encore, au fond de moi-même, je n'étais pas loin de croire que ma plume était la principale source des émotions qui éclairaient le visage de cette femme" (*CS* 45).

Der Umgang des Protagonisten mit seinen Kunden scheint einen direkten Einfluss auf seinen Gemütszustand zu haben, da er sich ihre Reaktionen sehr zu Herzen nimmt. Während die Begegnung mit Maddalena äußerst positiv verläuft, fällt die Unterhaltung mit einem Humoristen hingegen eher unterkühlt aus. Da Jack nicht in der Lage ist, sich amüsantes Material für einen Vortrag auszudenken, lässt der Humorist ihn deprimiert in seinem Büro zurück, ohne ihn eines weiteren Blickes zu würdigen (vgl. *CS* 176). Beide Beispiele lassen jedoch erkennen, dass der Schriftsteller sich sehr stark mit seiner Arbeit identifiziert. Da er zugleich auch die Erwartungen erfüllen kann, welche an seine berufliche Rolle geknüpft sind, bietet diese ihm die Möglichkeit, eine eigene Identität zu finden und aufrechtzuerhalten.

4.3 Kulturelle Einflüsse auf Jacks Identitätssuche

Auch die Kultur, welcher Jack sich zugehörig fühlt, wirkt sich auf seine Suche nach Identität aus. Als *Québécois* ist er stolz auf seine Herkunft und fühlt sich seiner Heimat sehr verbunden. Dies kann man bspw. aus seiner Bewunderung für den Politiker René Lévesque ableiten:

> En haut de la rue d'Auteuil, mon cœur se serra quand je passai devant la maison aux boiseries vertes où René Lévesque avait habité: le printemps était partout dans l'air et je trouvais particulièrement injuste que cet homme ne fût pas là pour en profiter, lui qui aimait tant la vie et qui avait fait naître, dans l'âme des Québécois, un espoir plus vivace que tous les printemps du monde. (*CS* 27-28)

Lévesque, der Gründer des *Parti québécois*, hatte als Premierminister der Provinz Québec erreicht, dass das Französische durch die *Loi 101* zur

Amtssprache Québecs erklärt wurde (vgl. Latouche 2012). Wenn Jack von der Hoffnung spricht, welche der Politiker den Frankokanadiern gegeben habe, meint er sehr wahrscheinlich die Hoffnung auf eine mögliche politische Unabhängigkeit der Provinz Québec. Diese Vermutung wird durch die Erläuterungen des Protagonisten zu einem Gespräch mit seiner guten Bekannten Marie erhärtet: „Quand elle disait ‚le bon vieux temps', [...] la vieille Marie faisait allusion à la fin des années 1960, lorsque l'université se trouvait encore dans le Vieux-Québec et que, surtout dans les cafés et les boîtes à chanson, on sentait passer un vent de liberté qui annonçait l'écroulement des valeurs anciennes" (*CS* 32). Während der hier angesprochenen 1960er Jahre kam es zur *Révolution tranquille*, die dazu geführt hat, dass – zunächst unter Jean Lesage und später unter René Lévesque – zahlreiche Reformen, aber auch erste Bemühungen hinsichtlich einer Unabhängigkeit Québecs in Gang gesetzt wurden (vgl. Durocher 2012).

Die kulturellen Einflüsse auf Jacks Selbstverständnis sind jedoch nicht nur politischer Natur. Er ist bspw. ein großer Liebhaber des Eishockeys. Dies kann man anhand seiner Reaktion erkennen, als er während seines ersten Aufenthalts in Limoilou bemerkt, dass der Alte Mann die „Soirée du hockey" im Fernsehen schaut: „Alors j'allumai la radio du minibus pour écouter la description de la rencontre. C'étaient les éliminatoires du printemps. J'aimais le hockey à la folie, et si je n'étais pas chez moi en train de regarder la télé, c'était simplement que, cette année-là, mon équipe préférée avait été battue dès la première série de matches" (*CS* 51). In seiner Liebe zum Eishockey, dem kanadischen Nationalsport, unterscheidet sich Jack nicht von den Anglokanadiern. Eine andere Vorliebe des Protagonisten ist dagegen speziell auf seine frankokanadische Herkunft zurückzuführen:

> Une de mes manies [...] consistait à examiner la version française d'un roman américain: j'avais observé depuis longtemps que la traduction *made in France* des passages où il était question de baseball ou de football comportait des inexactitudes et même des contresens. (*CS* 84, Herv. J. P.)

Bei der Lektüre der französischen Übersetzung eines Romans von John Irving, *Une prière pour Owen*, findet Jack neben solchen Ungenauigkeiten und Widersprüchen weitere grobe Übersetzungsfehler in Passagen, welche von den Regeln des Baseball handeln (vgl. *CS* 136-137). Deswegen denkt er darüber nach, den französischen Übersetzern einen Brief zu schreiben:

4. Chat sauvage (1998)

> Je voulais leur dire qu'il y avait au Québec, depuis peut-être un siècle, un grand nombre de gens qui pratiquaient le baseball et le football américain, et qu'ils le faisaient en français. [...] C'est pourquoi je leur donnais un conseil, à titre de collègue: lorsqu'ils devaient traduire un roman américain contenant des passages sur le baseball ou le football, ils avaient intérêt à consulter un des nombreux Québécois qui vivaient à Paris ou ailleurs en France. Si cette démarche ne leur convenait pas, ils n'avaient qu'à donner un coup de fil à la Délégation du Québec: même la téléphoniste était en mesure de leur indiquer les traductions exactes. Pour ma part, j'étais disposé à réviser leurs textes tout à fait gratuitement, pour être enfin débarrassé des inepties qui encombraient la version française des romans américains. (*CS* 138)

Es scheint den Schriftsteller mit Stolz zu erfüllen, dass er sich in der Lage sieht, die französischen Übersetzer unterstützen zu können, wenn sie an ihre Grenzen stoßen. Dieses Gefühl lässt sich vor dem Hintergrund der folgenden Feststellung Jean Morencys verstehen:

> Le français québécois devient [...] une variété nord-américaine du français lui-même, la plus apte peut-être à exprimer l'Amérique anglo-saxonne, du moins dans certaines de ses pratiques symboliques (comme les sports nationaux, le baseball et le football) et à dessiner les contours de sa présence. (2002, 206)

Jack hat offenbar das Gefühl, als *Québécois* eine Art Vermittler zwischen der angelsächsischen Kultur Amerikas und der französischen Kultur jenseits des Atlantiks sein zu können. Das Gefühl der Verbundenheit zu seiner kulturellen Herkunft kann man somit als einen positiven Einfluss auf die Identitätssuche des Protagonisten werten, da sie es ihm ermöglicht, sich selbst in einer sehr positiven Weise zu definieren – nicht zuletzt als Bindeglied zwischen zwei Kulturen.

5. *Les yeux bleus de Mistassini* (2002)

Jimmy, der Protagonist des Romans *Les yeux bleus de Mistassini*, betritt eines Tages eher zufällig eine Buchhandlung im *Vieux-Québec* und trifft auf deren Besitzer, den Schriftsteller Jack Waterman. Die beiden freunden sich an und der junge Mann übernimmt mit Unterstützung seiner Schwester Mistassini in zunehmendem Maße Jacks Aufgaben, da dieser an den Folgen seiner Parkinsonschen Krankheit und dem damit einhergehenden Verlust des Gedächtnisses leidet. Unter seiner Anleitung wird Jimmy in den Beruf des Schriftstellers eingeführt, sodass er schließlich Jacks Nachfolge antreten kann, was diesen davon abhält, seinem Leben – wie ursprünglich geplant – ein Ende zu setzen.

5.1 Jimmy – die Identitätssuche eines jungen Mannes

Poulins zwölfter Roman thematisiert die Suche eines jungen Erwachsenen nach möglichen Antworten auf die Fragen, wer er ist und wer er sein wird. Mit seinen 25 Jahren (vgl. *YBM* 11) befindet sich Jimmy in der sechsten Phase von Eriksons Entwicklungstheorie, welche durch den Kernkonflikt zwischen Intimität und Isolierung geprägt ist (vgl. 1981, 114). Dieser Konflikt kann Erikson zufolge durch das Erleben gegenseitiger Intimität in zwischenmenschlichen Beziehungen gelöst werden, im Rahmen derer sich die Grundtugend der Liebe entwickelt (vgl. 1973, 270). Er weist jedoch auf Folgendes hin: „Erst nachdem ein einigermaßen sicheres Gefühl der Identität erreicht ist, ist eine wirkliche Intimität mit dem anderen Geschlecht (wie übrigens auch mit jedem anderen Menschen und sogar mit sich selber) möglich" (1981, 114). Unsicherheit bezüglich der eigenen Identität führe hingegen dazu, dass das Individuum vor der Intimität mit anderen zurückschrecke (vgl. 1981, 115). Der junge Mensch droht sich Erikson zufolge zu isolieren, wenn er „eine solche intime Beziehung zu anderen […] in der späten Jugendzeit oder frühen Erwachsenenzeit nicht fertig bringt" (1981, 115). Vor diesem Hintergrund soll untersucht werden, wie Jimmy, der gerade sein Studium abgeschlossen hat (vgl. *YBM* 12) und am Beginn des Erwachsenenalters steht, mit dem Kernkonflikt zwischen Isolierung und Intimität umgeht und welche Konsequenzen sich daraus für die Suche nach seiner individuellen Identität ergeben.

5.1.1 Unsicherheit

Jimmy droht sich v.a. aufgrund seiner eigenen Unsicherheit zu isolieren. Diese Unsicherheit scheint darauf zurückzugehen, dass er noch keine stabile eigene Identität aufgebaut hat. Er gibt zu, sich bis vor kurzem ein ganz bestimmtes Image gewünscht zu haben: „À l'époque assez tumultueuse de ma vie étudiante, j'avais même essayé de devenir une vraie crapule; mes efforts avaient échoué et je m'étais rendu compte que l'excellente éducation reçue dans ma famille ne me laissait pas d'autre choix que d'être un *nice guy*" (*YBM* 150, Herv. J. P.). Der Protagonist hat sich demnach während seiner Studienzeit, welche man gewissermaßen als Übergangszeit zwischen Jugend und Erwachsenenalter ansehen kann, sehr darum bemüht, eine eigene Identität zu finden, und sogar versucht, sich eine Identität zu konstruieren, welche seiner Persönlichkeit nicht entspricht. Daher kann man vermuten, dass er die Unsicherheit bezüglich seiner Identität noch nicht ganz überwunden hat. Diese Unsicherheit führt dazu, dass es ihm teilweise schwer fällt, im Umgang mit anderen Menschen Beziehungen aufzubauen.

Dem jungen Mann bereitet es große Probleme seine Gefühle offen zu zeigen, was man bspw. erkennen kann, als der alte Jack ihm die Stelle als Gehilfe in der Buchhandlung anbietet: „Mon premier mouvement avait été de répondre: *Oui, ça m'intéresse! Tout de suite si vous voulez! Peu importe le salaire!* Mais une sorte d'instinct me pousse toujours à dissimuler mes sentiments et à mentir; je suis une petite crapule" (*YBM* 12, Herv. J. P.). In zahlreichen Situationen ist der selbsternannte „plus grand menteur du Vieux-Québec" (*YBM* 32; 47) nicht in der Lage, seinen Gedanken und Gefühlen entsprechend die Wahrheit zu sagen.[16] Als ihn der alte Jack darum bittet, ihm bei der Ausführung eines Plans behilflich zu sein, der darin besteht, sich das Leben zu nehmen, wenn ihm seine Krankheit den Verstand zu rauben beginnt, bringt der junge Mann es nicht fertig, klar und deutlich zu sagen, dass er dazu nicht bereit ist (vgl. *YBM* 58). Stattdessen gibt er vor, es sich überlegen zu wollen: „Je mentais. En réalité, j'étais en train de faire un calcul sordide. Puisqu'il perdait la mémoire, le vieux Jack allait probablement oublier qu'il m'avait posé la question: avec un peu de chance, je n'aurais pas besoin de lui répondre. J'avais honte de

---

[16] Mit dieser Bezeichnung erinnert er übrigens stark an den Protagonisten des Romans *Jimmy*, welcher behauptet: „Comme menteur, je suis le meilleur de toute la ville de Québec" (*JI* 35).

moi" (*YBM* 58). Der Protagonist ist sehr unzufrieden mit seinem Verhalten, sodass er sich wenig später eingesteht: „Je me sentais nul parce que je n'avais pas eu le courage de prendre mes responsabilités" (*YBM* 59).

Jimmy weiß sehr genau, dass es ihm Probleme bereitet, offen und ehrlich mit anderen Menschen umzugehen, aber er scheint in den jeweiligen Situationen nicht anders handeln zu können. Als ihm zu Beginn seines Aufenthalts in Paris vor einem Bistro eine Katze auf den Kopf fällt und er dem Tier dadurch zufällig das Leben rettet, wird der junge Mann plötzlich zum Zentrum der Aufmerksamkeit und ertappt sich selbst dabei, wie er wortreich behauptet, dass es mehr brauche, um einen echten *Québécois* zu Boden zu werfen: „Ma timidité me porta comme d'habitude à exagérer. Je déclarai que je ne m'étais jamais senti aussi bien de toute ma vie; que le coup sur mon crâne avait probablement réveillé la moitié de mon cerveau qui fonctionnait au ralenti" (*YBM* 84). Der junge Mann erzählt sogar, sein Großvater habe als Oberstleutnant einer berühmten Truppe kanadischer Soldaten an der Landung in der Normandie teilgenommen und große Verdienste errungen (vgl. *YBM* 85). Dabei ist sich Jimmy seiner unwahren Prahlerei durchaus bewusst: „J'étais bien parti pour être le plus grand menteur du XIIe arrondissement" (*YBM* 85). Auch wenn Jimmy solche Übertreibungen auf seine Schüchternheit zurückführt, liegt die Vermutung nahe, dass dieses Verhalten hauptsächlich seine eigene Unsicherheit widerspiegelt. Dieser Eindruck entsteht auch beim Aufeinandertreffen des Protagonisten mit einer Prostituierten, welche eines Nachts in den am Straßenrand geparkten Minibus steigt, um sich auszuruhen (vgl. *YBM* 129). Jimmy weiß nicht, wie er sich verhalten soll. Er bemüht sich vergeblich, seine Unsicherheit zu überspielen, indem er die Frau mit erfundenen Geschichten und weiterem angeberischen Gehabe zu beeindrucken versucht, aber am Ende muss er enttäuscht feststellen, dass diese Versuche, sicher und souverän zu wirken, scheitern: „Manifestement, elle n'était pas épatée du tout. Elle haussa les épaules et quitta le Volks après m'avoir adressé quand même un sourire amical. [...] Tandis que le claquement des talons s'éteignait dans la nuit, il me fallut admettre que j'avais été complètement nul" (*YBM* 134-135). So lässt sich abschließend feststellen, dass die Unsicherheit des Protagonisten zu Schwierigkeiten im offenen und ehrlichen sowie unverkrampften Umgang mit anderen Menschen führt, was den Aufbau zwischenmenschlicher Beziehungen behindert.

5.1.2 Suche nach Intimität

Trotz seiner Unsicherheit ist Jimmy grundsätzlich sehr darum bemüht, zwischenmenschliche Intimität aufzubauen. Dies zeigt sich bspw. in seinem Verhalten gegenüber einer Jugendlichen, welche vor der Buchhandlung wartet: „Elle frissonnait. Je la fis entrer et me dépêchai d'allumer le poêle. Je tâchai de lui réchauffer le cœur et tout le reste, mais comme bien des personnes de son âge, elle était aussi herméneutiquement enfermée en elle-même qu'un plongeur dans un scaphandre" (*YBM* 17). Auch als Jack in einem Lokal von einer befreundeten Bedienung sehr herzlich begrüßt wird, ist Jimmy zunächst enttäuscht darüber, dass ihm nicht die gleiche Herzlichkeit zuteil wird (vgl. YBM 39). Umso glücklicher macht ihn jedoch die Verabschiedung, welche im Gegensatz zur Begrüßung von Intimität geprägt ist: „La barmaid embrassa Jack sur les deux joues et cette fois elle me serra contre elle: ce fut un moment de bonheur, je fermai les yeux, imaginant que Miss était avec moi et partageait mon plaisir" (*YBM* 41).

Es ist keineswegs verwunderlich, dass Jimmy in einem solchen Moment menschlicher Nähe an seine Schwester Mistassini denkt, welche er nur Miss nennt. Intimität spielt sich in *Les yeux bleus de Mistassini* nämlich überwiegend im Verhältnis der beiden Geschwister zueinander ab. Dies deutet sich durch die Reaktion des Protagonisten an, als seine Schwester ihn mit ihrem Besuch in der Buchhandlung überrascht:

> S'approchant par-derrière au moment où j'allais me retourner, la personne mit ses mains sur mes yeux. Tout de suite, à la douceur de la peau, à la courbure des doigts, à une petite odeur de camomille que je connaissais depuis si longtemps, au souffle très léger que je sentais dans mon cou, et aussi aux battements de mon cœur, devenu fou, je reconnus ma petite sœur. (*YBM* 24)

Der junge Mann freut sich auch deswegen so sehr über den Besuch, weil er weiß, dass Mistassini aufgrund ihrer großen Freiheitsliebe jederzeit wieder genauso unverhofft verschwinden kann, wie sie aufgetaucht ist: „Elle était en faveur d'une liberté totale: ne voulant pas être obligée de prévenir quand elle s'absentait, elle aimait mieux que je ne la prévienne pas de mon côté" (*YBM* 38). Jimmy respektiert das Verhalten seiner Schwester, aber er macht gleichzeitig deutlich, dass ihre An- bzw. Abwesenheit einen großen Einfluss auf sein Wohlbefinden hat: „Je ne lui posais jamais de questions: elle était libre. Elle me brisait le cœur, mais elle était libre. On n'a aucun droit sur les gens qu'on aime" (*YBM* 25). John Christian Sanaker hebt daher in diesen Zusammenhang zurecht hervor:

„Mistassini est un personnage énigmatique dont le propre est de surgir et de repartir sans préavis, causant ainsi à la fois le plus grand bonheur et la plus grande peine à son frère Jimmy (2007, 327).
Nach Mistassinis überraschendem Besuch in der Buchhandlung sucht der Protagonist in der Folgezeit ganz bewusst die Nähe seiner Schwester. Neben einer gemeinsamen Übernachtung im Schlafsack auf Jacks Terrasse (vgl. *YBM* 65) ist in diesem Zusammenhang v.a. eine Nacht erwähnenswert, welche die beiden zusammen in Jimmys Zimmer verbringen. Nachdem Miss – wie man es erwarten konnte – tatsächlich wieder einige Zeit lang verschwunden war, kehrt sie völlig entkräftet in die Buchhandlung zurück – mit einem Spielzeugkarussell in der Hand und kleinen bunten Sternen im Gesicht (vgl. *YBM* 70). Die junge Frau begegnet ihrem Bruder auf sehr zärtliche Weise: „Quand je l'embrassai, une de ces minuscules étoiles adhéra à ma lèvre inférieure; pour me l'enlever, elle humecta le bout de son index qu'elle passa ensuite très délicatement sur ma lèvre" (*YBM* 70). Kurze Zeit später ist es der Protagonist, der mit einer Geste das empfundene Zusammengehörigkeitsgefühl der beiden Geschwister deutlich macht: „Je me penchai un peu plus et frottai mon nez contre le sien, ce qui, dans notre code, signifiait: ‚À la vie, à la mort!'" (*YBM* 72-73) Am stärksten zeigt sich die Intimität der beiden Figuren jedoch, nachdem das Mädchen eingeschlafen ist:

> Je vis que son sommeil était agité, alors je m'allongeai derrière elle, un bras autour de sa taille. D'instinct elle se colla tout contre mon ventre, puis sa respiration ralentit et devint plus régulière. Un peu plus grand qu'elle, j'avais sa tête au creux de mon cou et ma joue était appuyée sur ses cheveux courts qui sentaient la camomille. Je m'abstins de bouger pour ne pas la réveiller. (*YBM* 75)

Auch wenn Jimmy selbst nicht einschlafen kann, macht es ihn sehr glücklich, neben seiner Schwester zu liegen und ihre Nähe zu spüren. Miss scheint sich ebenfalls wohl zu fühlen: „Elle fit entendre comme un murmure de contentement" (*YBM* 76).
Der Protagonist macht sich viele Gedanken über die Beziehung zu seiner Schwester: „Ma sœur et moi, nous cherchions tous les deux quelque chose, une sorte de paradis, qui devait se trouver au-delà de l'intimité, mais nous ne savions pas ce que c'était au juste, ni comment y parvenir" (*YBM* 76). Sein Bedürfnis nach Intimität ist sehr groß, aber gleichzeitig ist ihm auch bewusst, wie schwer es sein kann, diese zu finden, wie er durch die folgende Äußerung deutlich macht: „C'est ce dont on a le plus besoin, les caresses, et pourtant c'est ce qu'il y a de plus diffi-

cile à demander" (*YBM* 77). Aus diesem Grund versucht er jede sich bietende Gelegenheit zu nutzen, um seiner Schwester nahe zu sein, und freut sich über Gesten, welche diese Nähe ausdrücken, z.B. als die beiden Geschwister Händchen haltend spazieren gehen: „Il n'y avait pas de limite au plaisir si simple pourtant que je prenais à emmêler mes doigts aux siens" (*YBM* 177). Während dieses gemeinsamen Spaziergangs macht Jimmy schließlich auch deutlich, was er für seine Schwester empfindet: „Je t'aime beaucoup" (*YBM* 176). Diese Worte fassen den Eindruck zusammen, der sich im Verlauf der Erzählung aufgedrängt hat: Bei der Beziehung der beiden Geschwister handelt es sich um eine Liebesbeziehung.

So lässt sich insgesamt feststellen, dass der Protagonist in Mistassinis Gegenwart die Intimität findet, nach der er sich so sehr sehnt. Dabei ist es zunächst nur von untergeordneter Bedeutung, dass es sich um die Beziehung zweier Geschwister handelt. Die Grundtugend der Liebe, welche laut Erikson zu einer positiven Lösung des Kernkonflikts zwischen Intimität und Isolierung führen kann (vgl. 1973, 270), scheint für Jimmy in seinem Verhältnis zu Mistassini erreichbar zu sein, sodass man vermuten kann, dass die Beziehung der beiden Figuren, welche für den jungen Mann von zentraler Bedeutung ist, einen positiven Einfluss auf die Suche nach seiner individuellen Identität haben kann.

5.2 Jimmys soziale Rollen
5.2.1 Privatleben

In seinem Privatleben nimmt Jimmy die Rolle als großer Bruder seiner Schwester Mistassini ein. Der Umgang der beiden Figuren miteinander ist jedoch geprägt von einer Form der Intimität und Zärtlichkeit, welche über eine normale geschwisterliche Beziehung hinausgeht (siehe hierzu Kap. 5.1.1). Dies zeigt sich bereits zu Beginn der Erzählung, als Miss den Protagonisten mit ihrem Besuch in der Buchhandlung überrascht:

> Elle m'entoura les épaules de ses bras et appuya sa joue contre la mienne. Je plaçai mes mains par-dessus les siennes afin qu'elle ne puisse plus bouger et que je sente la chaleur de sa poitrine dans mon dos jusqu'à la fin du monde. […] Elle s'accouda au comptoir, à ma gauche, et je l'embrassai sur l'oreille. (*YBM* 24-25)

Jimmys Reaktion offenbart deutlich mehr als bloße Freude über das Wiedersehen mit der Schwester. Dieser Eindruck wird durch die Eingeständnisse des jungen Mannes verstärkt: „Les filles me font toujours un drôle d'effet. D'ordinaire, elles me séduisent par un détail: un éclair au fond de l'œil, une voix enrouée, une façon de pencher la tête de côté. Mais, dans le cas de ma petite sœur, c'est l'ensemble qui me séduit" (*YBM* 27). Dass Jimmy seine Schwester mit anderen Mädchen vergleicht und sich verführt fühlt, liefert einen klaren Hinweis auf die eigentliche Art ihrer Beziehung, sodass John Christian Sanaker feststellt: „Il n'y a pas de doute possible, la principale relation d'amour du roman est bel et bien une relation incestueuse" (2007, 328).

Die beiden Geschwister bewegen sich häufig sehr nah an der Grenze zwischen unschuldiger Intimität und sexuellem Begehren. Dies kann man bspw. erkennen, als sie zusammen in Jimmys Zimmer übernachten:

> Le visage tout près du mien, elle se mit à suivre avec son doigt l'arc de mes sourcils, l'arête de mon nez, le contour de ma bouche, comme si elle me dessinait, et elle termina son geste en appuyant la paume de sa main sur mes yeux; l'arrondi de sa paume emplissait avec précision l'orbite de mon œil. Elle m'embrassa sur la joue, à côté de l'oreille, et ses lèvres glissèrent au creux de mon épaule. J'étais attentif à tout ce qui se passait, en particulier aux frémissements qui naissaient dans mon cou et tombaient en cascades jusqu'au bas de mon dos. (*YBM* 76-77)

Eine vergleichbare Situation ergibt sich, nachdem Miss ihren Bruder vom Flughafen abgeholt hat. Als sie ihn fragt, was ihm Freude bereiten würde, ist sich der Protagonist nicht sicher, ob in dieser Frage eine Anspielung versteckt sein könnte: „Je la regardai du coin de l'œil pour essayer de voir s'il y avait un sous-entendu dans sa question. La plupart du temps il n'y en avait pas, car Miss était d'une franchise totale, mais avec mon esprit tordu, je ne pouvais m'empêcher de vérifier" (*YBM* 149). Nach anfänglichem Zögern lässt die junge Frau sich dazu überreden, für einige Minuten in Jacks Appartement mitzukommen, wo sich Jimmy auf Wunsch des Schriftstellers ausruhen soll, während dieser selbst noch in der Buchhandlung ist. Während der junge Mann zur Entspannung seiner Muskeln eine Dusche nimmt, erwacht sein sexuelles Verlangen und er beklagt sich so lange lautstark über angebliche muskuläre Schmerzen, bis Miss zu ihm in die Dusche kommt und seinen Rücken massiert (vgl. *YBM* 150-151). Er geht allerdings noch einen Schritt weiter:

> Sans me retourner, je posai mes mains sur les siennes. [...] Je guidais ses mains et elle me laissait faire. J'avais très envie de me retourner et c'est ce que j'allais faire, ayant rassemblé mon courage, quand elle m'entoura de ses bras et se colla à mon dos. Elle laissait ses mains errer sur mon ventre et, en même temps, elle frottait sa joue contre mon épaule. Par moments, elle m'embrassait dans le cou, faisant naître un frisson qui courait jusqu'au bas de ma colonne. (*YBM* 152)

5. *Les yeux bleus de Mistassini* (2002)

Durch Mistassinis zärtliche Reaktion tritt das sexuelle Verlangen in den Hintergrund, weil – wie Jimmy selbst feststellt – Intimität in ihrer Beziehung wichtiger ist als alles, was darüber hinausgehen könnte: „Si nos caresses avaient quelque chose de particulier, c'était peut-être le fait qu'elles ne constituaient pas une étape à franchir pour aller plus loin" (*YBM* 152). Der Protagonist benutzt in einer anderen Situation noch einen weiteren Trick, um sich die Intimität seiner Schwester zu sichern. Er bringt absichtlich das T-Shirt, welches seine Schwester zum Schlafen benutzt, nicht mit in Jacks Appartement, wo er mit ihr übernachten will (vgl. *YBM* 169). Miss spielt sein Spiel mit und revanchiert sich ihrerseits, indem sie ganz bewusst das Licht anlässt, bis Jimmy seine Kleidung ausgezogen hat (vgl. *YBM* 170). In diesem Verhalten der beiden Geschwister klingt erneut Sexualität an. Hans-Jürgen Lüsebrinks Einschätzung, dass sich „die unterschwellig inzestuöse Beziehung Jimmys zu seiner Schwester Mistassini [...] vor allem und in erster Linie in der Imagination [abspielt]" (2005, 381), scheint in diesem Zusammenhang nur teilweise gerechtfertigt zu sein. Der sexuelle Aspekt des Verhältnisses der beiden Geschwister zeigt sich nämlich ziemlich deutlich, als sie nach ihrem Spaziergang einen letzten gemeinsamen Moment in der Buchhandlung genießen, bevor Miss zu Jacks Appartement zurückkehrt:

> Je glissai ma main sous son sweat-shirt, où il y avait beaucoup de place vu qu'elle ne portait rien dessous. Sa tête s'inclina peu à peu et se posa sur mon épaule, et au crépitement du feu se mêla bientôt une sorte de ronronnement. Au bout d'un moment qui me parut très court, elle releva la tête, regarda l'heure à sa montre. Alors elle approcha son visage du mien et souffla sur mes yeux pour que je les ferme, et puis, très délicatement, avec la pointe de sa langue, elle dessina le contour de mes lèvres. C'était la première fois qu'elle agissait ainsi, j'étais comme paralysé et je me laissais faire, le cœur battant. (*YBM* 179)

In dieser Situation ergreift v.a. Mistassini die Initiative, sodass John Christian Sanaker zurecht feststellt: „En fin de compte, c'est Miss, Miss la libre, qui se révèle la moins complexée devant la réalité de l'inceste" (2007, 328).

Aus Jimmys Verhalten gegenüber seiner Schwester resultiert ein schwerwiegender Rollenkonflikt, da er ihr gegenüber die Grenzen der Rolle eines großen Bruders deutlich überschreitet und in Wirklichkeit die Rolle eines Liebhabers einnimmt. Der Protagonist weiß, dass die Art seiner Beziehung zu Mistassini den Normen der Gesellschaft widerspricht: „Miss et moi, nous étions un peu zouaves, un peu fêlés. Nous ne suivions pas les mêmes règles que tout le monde, et c'était pour nous un motif de fierté" (*YBM* 173). Der junge Mann macht sich Sorgen um die Urteile derer, die sein Verhalten gegenüber Miss bemerken könnten, sodass er mit Erleichterung auf Jacks Umgang mit dieser ungewöhnlichen Situation reagiert: „En parlant de Miss, il [Jack] ne disait pas ‚ta sœur', ce qui aurait été une façon de me mettre dans mon tort; il disait toujours son nom ou son surnom" (*YBM* 57). Jacks Verhalten, durch das er das problematische Verhältnis der Geschwister bewusst nicht thematisiert, basiert auf seiner persönlichen Einstellung zum Thema Liebe: „Un jour, il avait énoncé le principe que, dans les rapports amoureux, on avait le droit de tout faire, à condition de ne pas imposer sa volonté à l'autre" (*YBM* 57). Jimmy fällt es allerdings trotzdem schwer zu glauben, dass der Schriftsteller ihre Beziehung gutheißen kann, sodass er mit Skepsis reagiert, als Jack ihm vorschlägt zu verreisen: „Ma première réaction fut de me dire qu'il cherchait peut-être à m'éloigner de Miss. À la vérité, ce n'était pas son genre" (*YBM* 78). Der junge Mann bemüht sich generell, die Beziehung zu seiner Schwester möglichst geheim zu halten: „Le Vieux-Québec n'est pas bien grand et presque tout le monde se connaît, mais personne ne pouvait voir que je tenais la main de ma petite sœur en marchant puisque je la gardais dans la poche de mon blouson" (*YBM* 176). Es ist Jimmy offensichtlich bewusst, dass vermutlich nicht jeder mit der gleichen Toleranz wie Jack auf die inzestuöse Beziehung der beiden Geschwister reagieren würde. Sogar gegenüber Mistassini selbst ist er nur dann in der Lage, die Problematik ihrer Beziehung anzusprechen, wenn er sicher ist, dass sie ihn nicht hören kann, z.B. während sie schläft: „[Je] lui chuchot[ai] à l'oreille, sachant qu'elle ne m'entendait pas, les mots que je ne pouvais pas lui dire" (*YBM* 75). Der Konflikt, welcher aus der Unvereinbarkeit ihrer Liebesbeziehung mit den gesellschaftlichen Normen bzw. den daraus abgeleiteten Erwartungen an seine Rolle als Bruder resultiert, muss daher insgesamt als eine schwere Belastung für Jimmys Identitätssuche angesehen werden.

Der junge Mann nimmt noch eine zweite private Rolle ein, indem er Jack gegenüber als Sohn in Erscheinung tritt, was sich beim ersten Aufeinandertreffen der beiden Figuren in der Buchhandlung andeutet: „Une tête grise et barbue, aux yeux tristes, apparut dans l'entrebâillement de la porte du fond. Un bref moment, je crus voir mon père l'année où il n'allait pas bien et où nous avions loué un chalet qui était parti à la dérive" (*YBM* 10). An späterer Stelle behauptet Jimmy – selbst von der eigenen Äußerung überrascht – sogar explizit, dass der Schriftsteller sein

Vater sei: „C'est mon père, dis-je. Les mots étaient sortis tout seuls" (*YBM* 113). Daran kann man erkennen, dass seine Beziehung zu dem Schriftsteller über eine normale Bekanntschaft hinausgeht. Neben Jimmys Äußerungen deuten nämlich auch seine Handlungen darauf hin, dass Jack für ihn eine Art Vaterfigur darstellt. Er erkundigt sich bspw. während eines abendlichen Spaziergangs nach dem Gesundheitszustand des alternden Schriftstellers und führt ihn behutsam durch die Straßen, nachdem er festgestellt hat, dass der Anblick eines hohen Schornsteins mit aufsteigendem Rauch ihn zu beunruhigen scheint: „C'est ansi que je pouvais le ramener tout doucement chez lui par les ruelles du quartier latin. J'étais inquiet de ce qui semblait se passer dans sa tête" (*YBM* 20). Gemeinsam mit seiner Schwester Mistassini, welche der Schriftsteller sofort ins Herz geschlossen hat (vgl. *YBM* 37), nimmt sich der Protagonist immer mehr des älteren Mannes an. Er hat das Gefühl, dass er dem Schriftsteller trotz des Altersunterschiedes sehr nahe steht (vgl. *YBM* 53), verspürt aber trotzdem eine gewisse Eifersucht, wenn er Jacks Umgang mit Mistassini beobachtet: „Chaque fois qu'il [Jack] s'approchait d'elle, qu'il la touchait, mon cœur se serrait un peu" (*YBM* 77). Da der junge Mann weiß, dass er in dem Schriftsteller keinen Rivalen befürchten muss, haben solche Anflüge von Eifersucht jedoch keinen weiteren Einfluss auf ihr Verhältnis.

Große Sorgen bereitet dem Protagonisten jedoch Jacks Plan, für dessen Ausführung der ältere Mann ihn um Hilfe bittet:

> Le jour où je perdrai la raison, il ne faudra pas m'envoyer à l'Hôtel-Dieu et je ne veux pas non plus être à la charge de quelqu'un. Pour moi, ce sera le moment de partir. Seulement, je ne sais pas si je serai capable de le faire moi-même, j'aurai peut-être besoin... d'une petite poussée. (*YBM* 58)

Während Jimmy in Paris ist, erfährt er, dass Jack versucht hat, sich von einer Bande zwielichtiger Gestalten die Mithilfe bei der Ausführung seines Plans zu erkaufen, woraufhin er niedergeschlagen und ausgeraubt worden ist (vgl. *YBM* 145-146). Der junge Mann macht sich große Sorgen: „J'avais le cœur pris comme dans un étau. Je pensais à Jack. Je pensais à ma petite soeur. J'avais peur de les perdre tous les deux, il fallait que je rentre" (*YBM* 146). Nach seiner Rückkehr begleitet er den Schriftsteller zu einer Untersuchung im Krankenhaus und sucht einige Zeit später sogar allein den behandelnden Arzt auf, um Informationen über Jacks Gesundheitszustand zu erhalten, wobei er sich dem Gerontologen gegenüber als Verwandter ausgibt (vgl. *YBM* 173). In der Folgezeit kümmern sich Jimmy und seine Schwester Mistassini um den Schriftsteller, wobei die junge Frau meistens in dessen Appartement übernachtet. Als der alte Mann schließlich gegenüber den beiden nochmals seinen Plan der „petite poussée" anspricht, erklärt sich der Protagonist dazu bereit, in beruflicher Hinsicht sein Nachfolger zu werden (vgl. *YBM* 181-186). Diese Nachfolge kann man als Erbe ansehen, welches Jack an den jungen Mann weitergibt, was dessen Rolle als Sohn zu bestätigen und damit seine soziale Identität zu festigen scheint. Als Vaterfigur hat er dem jungen Mann ein Zuhause gegeben, indem er ihm und seiner Schwester erlaubt hat, in der Buchhandlung zu wohnen. Damit hat er Jimmy gleichzeitig auch eine gewisse familiäre Stabilität gegeben, welche es dem Protagonisten ermöglicht hat, sich weiterzuentwickeln und seine Suche nach Identität voranzutreiben.

5.2.2 Berufsleben

Zu Beginn der Erzählung ist sich Jimmy seiner beruflichen Zukunft noch vollkommen unsicher. Nach eigenen Angaben hat er gerade sein Studium in französischer und englischer Literaturwissenschaft beendet und ist nun auf der Suche nach Arbeit, da er nicht Lehrer werden möchte (vgl. *YBM* 12). Die Buchhandlung des alten Jack betritt der junge Mann, weil er im Vorbeigehen einen hellen Lichtschein sieht, welcher von einem Buch im Schaufenster ausgeht, auf dessen Umschlag Jimmy einen Leuchtturm zu erkennen glaubt (vgl. *YBM* 9). Obwohl sich der Leuchtturm bei genauerem Hinsehen als ein Stapel von Büchern herausstellt, auf dem eine Laterne platziert ist, glaubt der Protagonist einen Wink des Schicksals erhalten zu haben: „D'avoir aperçu un phare, ne fût-ce qu'un instant, moi qui étais à moitié perdu dans la brume, cela me parut un signe du destin. Alors j'entrai" (*YBM* 9). Jimmy erkennt, dass es sich bei dem Buchhändler um den Schriftsteller Jack Waterman handelt (vgl. *YBM* 11). Als er dem älteren Mann erzählt, dass er beim Betreten der Buchhandlung ein eigenartiges Geräusch, „un murmure" (*YBM* 11), gehört habe, ist Jack davon überzeugt, dass der junge Mann eine besondere Gabe besitzt. Das Murmeln kommt dem Schriftsteller zufolge nämlich von den Sammelbänden mit Gedichten, deren Verfasser nachts ihre Verse vortragen, um die Buchhändler zu trösten, wenn sie nicht schlafen können (vgl. *YBM* 11-12). Jack bietet dem Protagonisten eine Stelle als Gehilfe an (vgl. *YBM* 12), aber eigentlich scheint er größere Pläne mit ihm zu haben, was durch seine Äußerungen gegenüber der befreundeten Bedienung eines Lokals angedeutet wird: „Il exposa l'idée que les vieux écrivains, au lieu de se répéter ou de rédiger leurs mémoires, avaient intérêt à trouver des auteurs plus jeunes et aptes à prendre la relève" (*YBM* 41). Offensichtlich ist er der Meinung, dass der junge Mann eines Tages seine Nachfolge antreten könnte, wozu dieser sich John Christian Sanaker zufolge indirekt bereit erklärt, indem er ohne lange nachzudenken die Stelle als Gehilfe des Buchhändlers annimmt: „Jimmy semble donc, dès le début, accepter qu'il soit entré dans la librairie en tant que l'héritier du vieil homme" (2007, 329).

Jack macht es sich zur Aufgabe, Jimmy zum Schriftsteller auszubilden, ohne dass dieser sich dessen zunächst bewusst wäre. Als der Protagonist den Roman *L'Attrape-Cœurs (The Catcher in the Rye)* von J. D. Salinger neben der Kasse findet, nachdem er einige Tage zuvor bereits *L'Île au Trésor (Treasure Island)* von Robert Louis Stevenson auf der Theke der Buchhandlung gefunden hat, ist er sich sicher, dass es sich nicht um einen Zufall handelt: „Après *L'Île au Trésor*, c'était la deuxième fois que Jack laissait un livre à mon intention; j'ignorais pourquoi il agissait ainsi, il avait sûrement une idée en tête…" (*YBM* 76). Welche Idee Jack mit seinen Lektüreempfehlungen verfolgt, wird Jimmy erst bewusst, nachdem ihm der alternde Schriftsteller ein drittes Buch, die Novellensammlung *Les trois roses jaunes* von Raymond Carver, per Post nach Paris geschickt hat:

> C'était la troisième fois, me semblait-il, que Jack intervenait dans mes lectures, et j'étais presque certain que, pour chaque livre, il avait une idée précise en tête. Pour Carver, que j'avais lu avec grand plaisir, c'était évidemment l'extrême sobriété de l'écriture; pour Salinger, c'était sans doute le ton; et pour Stevenson, la vie. (*YBM* 101)

Schließlich findet der junge Mann noch ein viertes Buch, *Le Vieil Homme et la mer (The Old Man and the Sea)* von Ernest Hemingway: „Comme je commençais à bien connaître les livres d'Hemingway, je n'eus pas de mal à comprendre que ce roman avait été choisi pour une raison précise: il possédait les mêmes qualités que les trois livres précédents, et de surcroît il avait un caractère universel, puisqu'il traitait de la recherche du bonheur" (*YBM* 175). Durch die Wahl der vier Bücher will Jack dem jungen Mann Hilfsmittel zur Verfügung stellen, welche ihn bei seiner Ausbildung zum Schriftsteller unterstützen sollen.

Jack legt dem Protagonisten nicht nur die Lektüre bestimmter Bücher nahe, sondern macht ihn auch mit den kleinen Dingen seines Berufsalltags vertraut, indem er ihm bspw. zeigt, wie man im richtigen Moment wegschaut, wenn ein Kunde ein Buch mitnimmt, ohne zu bezahlen (vgl. *YBM* 30-31). Der Buchhändler ist nämlich der Meinung, dass die Bücher denjenigen Leuten zur Verfügung gestellt werden sollen, die sie benötigen, und nicht nur denjenigen, die sie sich leisten können (vgl. *YBM* 33). Da Mistassini regelmäßig in der Buchhandlung aushilft und dadurch ihren Bruder entlastet, kann Jack den jungen Mann außerdem in die Kunst der Übersetzung aus dem Englischen ins Französische einführen, um durch die Arbeit am Text seine schriftstellerischen Fähigkeiten zu schulen: „Il s'agissait d'arriver à un français harmonieux tout en restant aussi près de l'anglais que possible" (*YBM* 53). Der Schriftsteller korrigiert Jimmys Übersetzungen, er gibt ihm Ratschläge und ist sehr erfreut über die Fortschritte, die er beobachten kann (vgl. *YBM* 53-55).

Darüber hinaus bringt Jack seinen designierten Nachfolger auch in Kontakt mit verschiedenen Repräsentanten des Literaturbetriebs (vgl. Lüsebrink 2005, 379). Jimmy kann aus nächster Nähe ein Interview verfolgen, welches ein Journalist mit dem alternden Schriftsteller führt, und erhält durch dessen Antworten eine Menge von Informationen über den Beruf des Schriftstellers und v.a. über die Bedeutung des Schreibstils (vgl. *YBM* 48). Der Protagonist nimmt an dem Interview nicht aktiv teil. Dagegen bezieht ihn Jack bewusst in ein Gespräch mit seinem Verleger ein und lobt den jungen Mann dabei überschwänglich:

> Jack me présenta et fit, au sujet de mon travail, des commentaires si élogieux que je ne savais plus où me mettre. Non seulement il affirmait que j'avais fait des progrès spectaculaires en traduction, ce qui était nettement exagéré, mais en plus il laissait entendre que j'avais des ambitions littéraires, ce que je ne m'étais pas encore avoué à moi-même! (*YBM* 61-62)

Jimmy erfährt außerdem, dass der Schriftsteller der Meinung ist, dass es nicht die Aufgabe des Autors, sondern die des Verlegers sei, die Bücher zu bewerben (vgl. *YBM* 64), und dass es sich beim Schreiben um eine egozentrische Aktivität handele, welche lediglich der Befriedigung der Bedürfnisse des Schriftstellers diene (vgl. *YBM* 65). Auf Jacks Drängen macht der Protagonist auch die Bekanntschaft des Literaturkritikers Philippe Rollers.[17] Jimmy soll den neuen Roman des Schriftstellers in einem Pariser Restaurant, der *Closerie des Lilas*, so platzieren, dass das Buch dem Kritiker in die Hände fällt. Anschließend soll er beobachten, in welcher

---

[17] Dabei handelt es sich Hans-Jürgen Lüsebrink zufolge um ein „sarkastisches Porträt" (2005, 379) des französischen Intellektuellen Philippe Sollers.

Form Rollers nach der Lektüre des ersten Satzes reagiert. Jack ist nämlich der Meinung, dass der erste Satz eines Romans so beschaffen sein muss, dass er im Leser das unwiderstehliche Bedürfnis zum Weiterlesen weckt (vgl. *YBM* 109-113). Zu Jimmys Überraschung kommt der Kritiker sogar an seinen Tisch und lobt den Beginn des Romans, was dem Protagonisten große Freude bereitet und ihn in eine gewisse Euphorie versetzt (vgl. *YBM* 118).

Der mehrmonatige Aufenthalt in Frankreich, welchen der junge Mann überwiegend in Paris verbringt, stellt einen weiteren wichtigen Teil seiner Ausbildung dar. Er kauft sich einen alten Minibus der Marke Volkswagen (vgl. *YBM* 91) – wie es Jack einst getan hat – und folgt den Spuren seiner literarischen Vorbilder. Der Protagonist sucht das Haus auf, in welchem Ernest Hemingway gelebt hat (vgl. *YBM* 94), und macht die Buchhandlung *Shakespeare and Company* ausfindig, die viele Jahre zuvor ein Treffpunkt war für junge Schriftsteller, welche aus Amerika nach Paris gekommen waren:

> La façade et l'intérieur étaient illuminés et, comme Jack me l'avait dit, la lumière semblait venir des livres eux-mêmes. [...]. J'aperçus par la vitrine une salle avec des tables basses, des livres qui montaient jusqu'au plafond, des solives au vernis foncé, un lustre à plusieurs branches: c'était calme et reposant pour les yeux. Et à l'intérieur, mon plaisir augmenta encore: il y avait une enfilade de couloirs étroits avec des volumes empilés dans tous les coins, même autour d'un vieux lavabo, et je respirais partout une odeur de papier vieilli. C'était un îlot de silence, de chaleur et de mémoire. [...] J'avais trouvé, au centre de Paris, en face de Notre-Dame, un reste de cette chaleur humaine qui avait réchauffé le cœur des jeunes écrivains venus d'Amérique, comme Hemingway, Scott Fitzgerald et les autres membres de la génération perdue. (*YBM* 99)

Jimmy ist vollkommen überwältigt von der Atmosphäre und identifiziert sich mit den amerikanischen Schriftstellern, die ihre Karriere einst in Paris begonnen haben. Die Erfahrungen, welche der junge Mann während seines Aufenthaltes in Frankreich gemacht hat, scheinen ihm die nötige Inspiration für seine weitere Ausbildung zu geben.

Der Protagonist freut sich immer wieder über seine Fortschritte und das Lob, welches er von Jack erhält. Trotzdem verspürt er manchmal eine gewisse Beunruhigung: „Je commençais à prendre conscience qu'entre les mots et moi se nouaient des liens qui risquaient de durer longtemps et peut-être même d'occuper une place trop grande dans ma vie" (*YBM* 55). Er macht sich Sorgen, dass er durch das Schreiben eines Tages den Kontakt zu seiner Umwelt verlieren könnte (vgl. *YBM* 56).

Diese Bedenken äußert er auch gegenüber seiner Schwester Mistassini: „J'ai bien peur d'appartenir à cette race de fous qui aime davantage les mots que les choses" (*YBM* 177). Der junge Mann befürchtet, mit zunehmender Verfeinerung seiner schriftstellerischen Fähigkeiten könne die Welt der Worte für ihn von allzu großer Bedeutung werden, so wie dies für den alten Jack der Fall sei (vgl. *YBM* 177).

Jimmys berufliches Schicksal entscheidet sich schließlich in einem Gespräch mit Jack, in welchem dieser erzählt, dass ihn seine Krankheit davon abhält, weiter als Schriftsteller arbeiten zu können, sodass er sich mit der Hilfe des Protagonisten das Leben nehmen will (vgl. *YBM* 183-184). Eine Alternative gebe es jedoch:

> Si quelqu'un prenait ma place... [...] Quelqu'un de plus jeune... Quelqu'un qui aurait appris le métier en faisant de la traduction et qui, par conséquent, aurait une écriture sobre et non pas cette tendance au lyrisme que je déteste... Quelqu'un qui aurait un peu voyagé pour se mettre du plomb dans la tête... (*YBM* 185)

Jimmy weiß, dass der Schriftsteller mit seinen bisherigen Bemühungen das Ziel verfolgt hat, ihn zu seinem Nachfolger zu machen. Der junge Mann zögert zunächst und wägt die Vor- und Nachteile ab. Nachdem Jack ihm seine volle Unterstützung zugesichert hat, stimmt er schließlich zu (vgl. *YBM* 186). Dabei ist er sich der Bedeutung seiner neuen Situation bewusst: „Avec cette journée, une nouvelle vie commençait pour moi et j'étais étonné de ne pas me sentir différent" (*YBM* 187). Das erwartete Gefühl einer Veränderung tritt erst ein, als der Protagonist nach seiner Rückkehr in die Buchhandlung auf seine Schwester wartet, welche in Jacks Appartement geblieben ist:

> J'étais impatient, je sentais le venin de la jalousie s'insinuer dans mes veines, quand tout à coup l'idée me vint que, désormais je ne serais plus vraiment malheureux, car il me serait toujours possible de mettre mes chagrins dans une histoire et de les attribuer à un personnage. Cette pensée me réconforta et je m'endormis. (*YBM* 187)

Während Jimmy bisher v.a. die Nachteile seines neuen Berufes gefürchtet hat, sieht er nun die Möglichkeiten, welche ihm die neue Rolle bieten kann. Innerhalb dieser Rolle scheint er eine soziale Identität finden zu können, welche im Einklang mit seiner Persönlichkeit ist und welche ihm trotz aller Schwierigkeiten den nötigen Halt zu geben verspricht.

5.3 Kulturelle Einflüsse auf Jimmys Identitätssuche

Für Jimmys Suche nach Identität spielt sein kulturelles Selbstverständnis eine entscheidende Rolle. Dies wird anhand seiner Äußerungen in einem Pariser Bistro nach einem seltsamen Zwischenfall deutlich. Vor dem Gebäude ist eine Katze unfreiwillig auf seinem Kopf gelandet: „Je déclarai [...] que nous, les Québécois, habitués à résister au froid, aux Anglais, aux Iroquois et aux bêtes sauvages de nos immenses forêts, nous avions la tête dure et qu'il fallait davantage qu'un chat sur la caboche pour nous jeter par terre" (*YBM* 84). Die Hervorhebung „nous, les Québécois" macht deutlich, dass sich der junge Mann mit seiner heimatlichen Kultur sehr stark identifiziert. Da er sich eindeutig als *Québécois* ansieht, reagiert Jimmy entsprechend empfindlich, als er zunächst von seinem Gesprächspartner im Bistro (vgl. *YBM* 84) und später von einer Prostituierten, welche sich nachts in seinem Minibus ausruhen will, als Kanadier bezeichnet wird: „Pas Canadien! QUÉBÉCOIS!!! Comme j'en avais plein le dos de répéter la même chose, je murmurai entre mes dents, mais assez fort pour être entendu: ‚Québécois, tabarnak!' (*YBM* 131) Glücklicherweise macht Jimmy in Paris auch Bekanntschaften, die ihm diese Art von Aufklärungsarbeit nicht abverlangen, z.B. die Postbotin Françoise: „Je l'avais connue chez les amis de Jack, où elle distribuait le courrier dans les boîtes aux lettres placées au pied de l'escalier; nous avions sympathisé, car elle rêvait d'un séjour dans les ‚grands espaces' du Québec" (*YBM* 93).

Die enge Verbundenheit des jungen Mannes zu seiner Heimat kann man auch erkennen an seiner Bewunderung der Seen und Seelandschaften der Provinz Québec, an die er bei der Betrachtung eines Sees im *Bois de Vincennes* denkt:

> Le lac était vraiment tout petit. [...] Il n'avait rien à voir avec les lacs de mon pays. Rien à voir avec celui, pourtant modeste, où nos allions pêcher la truite, ma sœur et moi, quand nous étions petits. Rien à voir avec les lacs Mégantic et Memphrémagog plus vastes, que la Buick familiale contournait en ronronnant sur la route de nos vacances américaines. [...] Rien à voir non plus avec ceux qui se trouvaient plus au nord [...]. Et absolument rien à voir avec les véritables Grands Lacs [...] ni avec les innombrables lacs qui constellaient la carte du Nouveau-Québec, au nord de la baie d'Hudson, dans les territoires réservés aux Indiens et aux Inuits, où les Blancs ne pouvaient se rendre que par hydravion. (*YBM* 105)

Der Protagonist erinnert sich mit Stolz an die Natur Québecs und empfindet plötzlich starkes Heimweh (vgl. *YBM* 105).

Nach Jimmys Rückkehr in die Heimat stellt sich ein Gefühl der Zufriedenheit ein: „Je sentis qu'il existait une sorte de coïncidence entre mes goûts véritables et tous les détails, beaux ou laids, qui composaient le paysage. [...] [T]out me convenait, tout me disait que j'étais chez moi" (*YBM* 148). Während Mistassini ihn vom Flughafen in die Stadt fährt, kann der Protagonist ausgiebig die Landschaft bewundern (vgl. *YBM* 148). Vor dem Hintergrund der Erfahrungen, welche er in Frankreich gemacht hat, wird dem jungen Mann v.a. die Einzigartigkeit des *Vieux-Québec* bewusst: „Je me rendis compte que le Vieux-Québec, au contraire de ce qu'on disait dans les guides touristiques, avait peu de choses en commun avec les villes françaises, du moins celles que j'avais visitées [...]; le Vieux-Québec ne ressemblait qu'à lui-même, et c'était amplement suffisant" (*YBM* 148-149). Jimmy ist glücklich darüber, in seine geliebte Heimat zurückgekehrt zu sein.

Obwohl der Protagonist sehr stolz auf seine Herkunft ist, geht es ihm nicht um eine radikale Abgrenzung der beiden Kulturen Kanadas. In diesem Punkt kann man John Christian Sanaker zustimmen, wenn er in *Les yeux bleus de Mistassini* „des allusions éparses à l'antagonisme canado-québécois [...], mais jamais de thématisation véritable de la grande question nationale" (2007, 321) zu erkennen glaubt. Die Einflüsse seiner frankokanadischen Herkunft sind sehr wichtig für Jimmys Identitätssuche, da sie ihm – zumindest im Hinblick auf seine kulturelle Identität – eine eindeutige Antwort ermöglichen auf die Frage, wer er ist: ein *Québécois*.

6. *La traduction est une histoire d'amour* (2006)

In Jacques Poulins elftem Roman tritt mit Marine, einer jungen Frau irischen Ursprungs, zum ersten Mal eine weibliche Hauptfigur in Erscheinung. Sie ist Übersetzerin und wohnt in einem Chalet auf der *Île d'Orléans*, wo sie eines Tages eine ausgesetzte schwarze Katze findet, an deren Halsband eine Nachricht befestigt ist. Diese Nachricht bringt die Protagonistin und den Schriftsteller Jack Waterman, zu dem sie eine enge Beziehung pflegt, auf die Spur der jungen Limoilou und einer alten Frau, bei der das Mädchen untergebracht ist. Marine und Jack beobachten die beiden, um mehr über ihre Beziehung zueinander herauszufinden, als sich die alte Frau unerwartet das Leben nimmt. Die Protagonistin bietet dem Mädchen an, zu ihr ins Chalet auf der Insel zu ziehen und Limoilou nimmt dieses Angebot nach anfänglichem Zögern an.

6.1 Marine – die Identitätssuche einer jungen Frau

In *La traduction est une histoire d'amour* wird das Alter der jungen Protagonistin zwar nicht explizit genannt, aber man erfährt, dass sie halb so alt ist wie der Schriftsteller Jack Waterman (vgl. *THA* 12). Von diesem wiederum weiß man, dass er in Poulins zwölftem Roman, *L'anglais n'est pas une langue magique*, welcher nahezu unmittelbar an *La traduction est une histoire d'amour* anknüpft, gerade 50 Jahre alt geworden ist (vgl. *ALM* 115). Marine müsste demzufolge etwa 25 Jahre alt sein, sodass sie sich im gleichen Lebensabschnitt befindet wie der junge Jimmy in Poulins vorherigem Roman. Bezüglich ihrer Lebensgeschichte erfährt man, dass die Protagonistin nach dem Schulabschluss per Anhalter quer durch die USA bis nach San Francisco gereist ist, wo sie vergeblich nach Arbeit gesucht hat, sodass sie nach Genf gezogen ist, um an der *École de traduction et d'interprétation* der dortigen Universität zu studieren (vgl. *THA* 17-18). Nach ihrer Rückkehr aus Europa hat sie in Québec die Bekanntschaft des Schriftstellers gemacht (vgl. *THA* 20-21). Wie Jimmy befindet sich auch Marine im Spannungsfeld zwischen Isolierung und Intimität, was den Kernkonflikt der sechsten Phase innerhalb Eriksons Entwicklungstheorie ausmacht (vgl. 1981, 114; siehe Kap. 5.1). In ihrem Fall drückt sich dieser Konflikt darin aus, dass sie einerseits einen starken Drang verspürt, ihre Unabhängigkeit bzw. Selbstständigkeit zu bewahren, aber sich gleichzeitig auch nach zwischenmenschlichen Bindungen sehnt.

6.1.1 Bewahrung der Unabhängigkeit

Marines starkes Bedürfnis nach Unabhängigkeit bzw. Selbstständigkeit beruht auf einem Temperament, welches sie von ihrer irischen Mutter geerbt hat: „J'ai hérité de sa crinière rousse, de ses yeux verts, de ses sautes d'humeur. Vous souvenez-vous des colères de Maureen O'Hara dans *Un homme tranquille*, le film de John Ford? Eh bien, c'était le portrait tout craché de ma mère" (*THA* 13, Herv. J. P.). Dieses Temperament schlägt sich in der Freiheitsliebe der Protagonistin nieder: „Je suis moi-même un peu sauvage, si vous voulez le savoir. Je fais toujours ce qui me plaît. Les seules règles que j'accepte sont celles de la grammaire" (*THA* 13-14). Die junge Frau lässt sich keine Meinung aufzwingen und sträubt sich dagegen, Trends und Modeerscheinungen zu übernehmen: „Quand une mode ou un courant de pensée veut m'imposer une façon d'agir, je fais exactement le contraire" (*THA* 70). Marine hat gelernt, sich im Leben ohne fremde Hilfe zurechtzufinden, indem sie ihrem ganz persönlichen Motto folgt: „Connaissez-vous le proverbe qui dit: *En cas de doute, abstiens-toi*? Il existe une version irlandaise, dont je suis l'auteure, et qui dit: *En cas de doute, fonce tête baissée!*" (*THA* 28, Herv. J. P.) In ihrem Streben nach Selbstständigkeit folgt die Protagonistin dem Vorbild ihrer Mutter, welche sie und ihre Schwester allein erzogen hat: „Quand nous sommes nées, elle n'a même pas averti le père: à ses yeux, il s'agissait d'une affaire personnelle. Elle n'a jamais répondu à nos questions, sauf pour dire que ce n'était pas le même homme" (*THA* 49). Marines Mutter wollte sich nicht an einen Mann binden, um ihre Unabhängigkeit nicht zu verlieren. Diese Einstellung glaubt die Protagonistin auch bei ihrem zweiten Vorbild, Isabelle Eberhardt, zu erkennen: „Fille d'émigrés russes, réfractaire à toute forme d'autorité, elle était devenue *reporter et voyageuse*. [...] À vingt ans, elle débarquait en Algérie. Elle vivait aux confins du Sahara et menait une vie de nomade. [...] Elle dormait n'importe où, elle aimait qui elle voulait" (*THA* 49-50, Herv. J. P.). Das Nomadenleben und der Absolutheitsanspruch des eigenen Willens repräsentieren jene Selbstständigkeit, welche auch Marine sich offenbar zum Ziel gesetzt hat.

Das Bedürfnis nach Unabhängigkeit schränkt jedoch gleichzeitig ihre Möglichkeiten ein, zwischenmenschliche Nähe zuzulassen. Als der

6.1 Marine – die Identitätssuche einer jungen Frau

Schriftsteller Jack Waterman zu Beginn ihrer Bekanntschaft erfährt, dass die junge Frau auf der Suche nach einer Unterkunft ist, bietet er ihr an, ein Chalet auf der *Île d'Orléans* für sie zu mieten und ihr seinen alten Jeep zur Verfügung zu stellen, woraufhin Marine wie folgt reagiert: „J'ai déclaré à monsieur Waterman que j'acceptais. À condition que je paie mon loyer et que je le rembourse de toutes ses dépenses. Je voulais garder mon indépendance" (*THA* 28). Obwohl ihr Jacks Idee durchaus zusagt, befürchtet die Protagonistin, durch die Annahme des Angebots eine Bindung einzugehen, welche ihre Selbstständigkeit gefährden könnte. Von dieser Vorsicht zeugen auch Marines Gedanken, als sie den Schriftsteller in seinem Appartement aufsucht, nachdem ihr die junge Katze zugelaufen ist: „C'était la première fois que j'allais chez lui. Il m'avait invitée à plusieurs reprises, mais j'avais toujours refusé. Pour afficher ma liberté, si vous voulez le savoir" (*THA* 37). Auch wenn Jack mittlerweile regelmäßig das Wochenende bei ihr auf der *Île d'Orléans* verbringt, hat die junge Frau bisher jede seiner Einladungen ausgeschlagen. Marines absoluter Freiheitsanspruch führt sogar dazu, dass sie sich weigert, ein Mobiltelefon zu kaufen (vgl. *THA* 43). Ihre Skepsis gegenüber möglichen Einschränkungen ihrer Unabhängigkeit richtet sich jedoch v.a. gegen Männer. Dies kann man an ihren Gedanken erkennen, als sie am Teich einen weiblichen Fischreiher beobachtet, der untertänig einem Männchen hinterhertrottet, das die gesamte Beute auf seinem Weg für sich allein beansprucht, ohne dem Weibchen etwas übrig zu lassen:

> À la place de la femelle, je ferais un coup d'éclat. Je marcherais derrière lui aussi longtemps que nous serions dans l'herbe. Mais en arrivant à l'endroit de la berge où l'on descend dans l'eau, je lui tournerais carrément le dos. Je partirais en sens inverse et je ferais le tour de l'étang sans m'occuper de lui. Toutes les grenouilles et les autres bestioles qui se trouveraient sur ma route, je les avalerais sans me priver. Et lorsqu'on se rencontrerait, le mâle et moi, à la moitié du chemin, je lui ferais un petit salut à l'ancienne, une sorte de révérence, en ployant le genou comme les dames faisaient autrefois devant le roi. (*THA* 46-47)

Marine will sich nicht an einen Mann binden, denn um diesem treu zu sein, müsste sie ihre persönliche Freiheit der gemeinsamen Beziehung unterordnen: „Je ne veux être la fidèle compagne de personne" (*THA* 47). Die Protagonistin misst dieser Freiheit eine so große Bedeutung zu, dass sie versucht, die dafür notwendige Selbstständigkeit und Unabhängigkeit mit aller Macht aufrechtzuerhalten. Durch diese Grundhaltung fällt es der jungen Frau sehr schwer, zwischenmenschliche Beziehungen zuzulassen, im Rahmen derer sie Intimität finden könnte.

6.1.2 Zwischenmenschliche Bindungen

Marines Einstellung gegenüber zwischenmenschlichen Bindungen ist zwar grundsätzlich von Skepsis geprägt, aber Jack Waterman stellt in dieser Hinsicht eine Ausnahme dar: „En général, les hommes ne m'inspiraient pas confiance, mais je faisais une exception pour lui. C'était mon meilleur ami, même s'il avait deux fois mon âge et qu'on ne se connaissait pas depuis longtemps. Il était écrivain et travaillait à un nouveau roman" (*THA* 11). Das besondere Verhältnis der beiden Figuren resultiert daraus, dass die Protagonistin den Schriftsteller bereits vor ihrer ersten Begegnung durch dessen Bücher kennengelernt hat. Während ihrer Studienzeit in Europa ist Marine auf einen von Jacks Romanen gestoßen, in welchem es um den sogenannten *Oregon Trail* geht (vgl. *THA* 18-19).[18] Da Marine auf ihrer Reise durch die USA ein Museum besucht hatte, welches der Eroberung des amerikanischen Westens gewidmet war, ist sie aufgrund ihrer eigenen Erinnerungen auf die Idee gekommen, Jacks Roman ins Englische zu übersetzen (vgl. *THA* 18-19). Als die junge Frau den Schriftsteller nach ihrer Rückkehr aus Europa zufällig auf dem Friedhof der ehemaligen Kirche St. Matthew in Québec trifft, verhindert ihre Zurückhaltung bezüglich zwischenmenschlicher Nähe ein offenes Gespräch: „Alors qu'il fallait dire: ‚Ah! Vous êtes monsieur Waterman!... Je m'appelle Marine, je suis traductrice', j'ai stupidement feint de ne pas le reconnaître" (*THA* 21). Auch wenn Jack natürlich nicht erraten kann, dass die Protagonistin gerne seine Bücher übersetzen würde, äußert er immerhin seine Wertschätzung für den Beruf des Übersetzers, indem er eine Feststellung Jorge Luis Borges' zitiert: „Le métier de traducteur, disait Borges, est peut-être plus subtil, plus civilisé que celui d'écrivain. [...] La traduction est une étape plus avancée" (*THA* 23).

Marine ist beeindruckt von dieser Begegnung und beginnt mit der Übersetzung von Jacks Roman: „En plus de vérifier mes capacités, je voulais voir si nous avions des goûts en commun" (*THA* 25). Tatsächlich scheinen die beiden Figuren gemeinsame Interessen zu haben, sodass die junge Frau sich sehr oft in der Bibliothek aufhält in der Hoffnung, den Schriftsteller wiederzusehen und ihn mit ihrer Übersetzung zu begeistern (vgl. *THA* 26). Als Jack tatsächlich auftaucht, ist die Protagonistin sehr erfreut über die Art und Weise, wie er mit der Situation um-

---

[18] Hierbei handelt es sich zweifellos um eine Anspielung auf Poulins eigenen Roman *Volkswagen blues*.

geht: „Il demeure d'un calme absolu. Il fait comme si tout était normal. Comme si j'étais une vraie pro et que j'avais signé un contrat en bonne et due forme avec son éditeur de Toronto" (*THA* 27). Dem Schriftsteller gefällt Marines Arbeit, sodass er anbietet, ihr eine Unterkunft zu suchen und sich um sie zu kümmern (vgl. *THA* 28). Die junge Frau nimmt dieses Angebot – wenn auch unter Vorbehalt – an, was davon zeugt, dass sie Jack das notwendige Vertrauen entgegenbringt, welches erforderlich ist, um den ersten Schritt in Richtung einer zwischenmenschlichen Beziehung zu machen.

Marine weiß, dass es ihr Schwierigkeiten bereitet, anderen Menschen gegenüber Nähe und Intimität zuzulassen, aber ihre Erfahrungen im Umgang mit Jack Waterman geben ihr Zuversicht. Zwischen den beiden entwickelt sich ein enges Verhältnis und sie verbringen regelmäßig das Wochenende im Chalet der *Île d'Orléans*. Daher ist es nicht verwunderlich, dass der Schriftsteller der erste Ansprechpartner der jungen Frau ist, nachdem sie unter dem Halsband der zugelaufenen Katze eine merkwürdige Nachricht entdeckt hat, welche sie als Hilferuf deutet: „*Je m'appelle Famine. Je suis sur la route parce que ma maîtresse ne peut plus s'occuper de moi*, ni d'elle-même…" (*THA* 40, Herv. J. P.). Über eine Telefonnummer, welche auf einer Plakette am Halsband der Katze eingraviert ist, hat Marine bereits vorher versucht, die Besitzerin des Tieres zu kontaktieren und dabei die Stimme eines jungen Mädchens auf dem Anrufbeantworter gehört (vgl. *THA* 16). Die Protagonistin macht sich nun Sorgen, weil sie befürchtet, dass das Mädchen in großer Gefahr sein könnte. Da die junge Frau sich an ihre kleine Schwester erinnert fühlt, welche sich vor einigen Jahren das Leben genommen hat, ist sie sehr niedergeschlagen, als sie sich mit Jack auf dem Friedhof der Kirche St. Matthew trifft (vgl. *THA* 65). Der Schriftsteller beweist großes Einfühlungsvermögen und scheint ihr Mut machen zu wollen in einer Situation, in welcher sie sich ohne ihn hilflos fühlen würde: „Il eut la délicatesse de faire comme s'il ne se rendait compte de rien. S'excusant de son retard avec un sourire timide, il me tendit la main pour m'aider à me mettre debout. Et il garda ma main quelques instants dans la sienne pendant que nous marchions vers la sortie: c'était la première fois qu'il agissait ainsi" (*THA* 65). Die Geste des Schriftstellers lässt sich als Zeichen der Nähe und des Vertrauens deuten, mit welcher er der jungen Frau zeigen will, dass er ihr Trost spenden und gleichzeitig Kraft geben kann, wenn sie die dazu notwendige Intimität zulässt. Jacks Aufmerksamkeit bleibt Marine nicht verborgen: „Chaque fois que je ne me sentais pas bien, monsieur Waterman arrivait à me réconforter d'une manière indirecte, l'air de rien, sans même demander ce qui n'allait pas" (*THA* 77). Um die Protagonistin aufzumuntern, zeigt er ihr ein Buch, *Dialogue sur la traduction*, in dem der Briefwechsel zwischen Anne Hébert und dem Übersetzer ihres Gedichts *Le tombeau des rois* dargestellt ist (vgl. *THA* 77). Beeindruckt von den ersten Versen des Gedichts thematisiert Marine in Gedanken erstmals die Hoffnung, trotz des Altersunterschiedes eine Bindung zu dem Schriftsteller aufzubauen, und zwar mittels der Sprache, welche aufgrund ihrer großen Bedeutung für beide eine wichtige Gemeinsamkeit darstellt (vgl. *THA* 77). Die Protagonistin fühlt sich durch den Inhalt des Gedichts persönlich angesprochen: „Je devinais que le cœur d'Anne Hébert, pour des raisons graves et anciennes, n'était pas libre de ses mouvements" (*THA* 77). Diese Parallele zu Marines eigener Situation taucht nicht zufällig auf, denn Jack hat das Gedicht offenbar ganz bewusst ausgesucht. Er erläutert seine persönliche Theorie zu der Frage, warum der Übersetzer an einer Stelle des Textes das Original bewusst korrigiert hat: „Je l'imagine, vieux monsieur avec une barbe blanche, qui prend la belle Anne Hébert par la main pour lui expliquer que l'amour n'est pas dangereux, qu'elle n'a aucune raison d'avoir peur, que son cœur est libre et sans entrave" (*THA* 78). Jack – ebenfalls ein älterer Mann mit weißem Bart (vgl. *THA* 20) – versucht, der jungen Frau offensichtlich die Angst vor zwischenmenschlichen Bindungen zu nehmen. Indem Marine ihn auf die Stirn küsst, zeigt sie ihre Bereitschaft, sich auf diesen Versuch einlassen zu wollen (vgl. *THA* 79).

Die Protagonistin bemerkt, dass sie sich allmählich verändert: „Je devenais un peu zouave. Moi qui avais toujours été une nomade, moi qui faisais tout ce qui me passait par la tête, qui avais déjà pris le premier avion pour n'importe où, qui ne m'attachais à rien ni à personne, voilà que je me faisais un énorme souci pour les gens et les bêtes vivant autour de moi" (*THA* 95). Die Besorgnis der jungen Frau zeigt, dass sie sich gegenüber ihrer Umwelt öffnet und für Bindungen zugänglich wird, auch wenn ihr bewusst ist, dass sie der damit verbundene Verlust ihrer Unabhängigkeit verletzlich macht (vgl. *THA* 96). Während Marine früher vor jeglicher Bindung zurückgeschreckt ist, sucht sie nun aktiv die Nähe des Schriftstellers: „Je sentais le besoin de me rapprocher de monsieur Waterman: à deux, il serait plus facile de résoudre les problèmes qui s'annonçaient" (*THA* 99). Die Vorahnung der jungen Frau bewahrheitet sich, denn kurze Zeit später werden Jack und sie Zeugen des Selbstmordes der älteren Frau, bei der das junge Mädchen gewohnt hat (vgl. *THA* 105). In Anbetracht dieser Krisensituation wird die nunmehr enge Bindung der beiden Figuren deutlich: „J'avais glissé ma main dans la poche du coupe-vent de monsieur Waterman et mes doigts se mêlaient aux siens. Il les serra plus fort lorsque la porte de la maison s'ouvrit [...] Je me serrais contre monsieur Waterman et m'accrochais à sa main comme à une bouée de sauvetage" (*THA* 105-106). Der Vergleich des Schriftstellers mit einem Rettungsring macht seine Bedeutung für die Protagonistin deutlich. In der Beziehung mit Jack findet Marine den Halt und die nötige Kraft, um sich mit schwierigen Situationen auseinanderzusetzen. Die junge Frau entwickelt sogar eine für sie sehr überraschende Eigenschaft: Fürsorge. Dies kann man daran erkennen, dass sie nachts das Feuer im Ofen des Chalets im Auge behält, damit der Schriftsteller sich nicht erkältet: „En plus d'être zouave, j'étais bien partie pour devenir mère poule" (*THA* 113).

Auch als Marine das junge Mädchen besuchen möchte, welches sich seit dem Selbstmord der älteren Frau im Krankenhaus befindet, steht Jack ihr zur Seite. Dieser Besuch fällt der Protagonistin wegen der schmerzhaften Erinnerungen an den Tod ihrer kleinen Schwester schwer, aber der Schriftsteller macht ihr erneut Mut: „Monsieur Waterman me chuchota d'entrer toute seule pour commencer. Et il me fit une caresse dans le dos; l'encouragement s'adressait moitié à moi, moitié au chat dissimulé dans mon capuchon" (*THA* 117). Marine schlägt dem Mädchen, welches Limoilou heißt, vor, zu ihr ins Chalet zu ziehen (vgl. *THA* 120). Da das Mädchen um Bedenkzeit bittet, kommen die beiden Hauptfiguren kurze Zeit später zum zweiten Mal ins Krankenhaus. Als Limoilou plötzlich anfängt zu weinen, kann Marine sie beruhigen, indem sie sich zu dem Mädchen ins Krankenbett legt, es in ihre Arme schließt und behutsam streichelt (vgl. *THA* 126). Diese deutlichen Zeichen von Intimität lassen erkennen, dass die Protagonistin bereit ist, eine weitere Bindung einzugehen, indem sie Limoilou in ihrem Haus aufnimmt (vgl. *THA* 127).

Durch das langsam aufgebaute Vertrauensverhältnis zu Jack Waterman hat Marine ihre Angst vor zu großer Nähe nach und nach ablegen können. In der Beziehung mit dem Schriftsteller kann sie eine zwischenmenschliche Bindung eingehen, ohne ihre Selbstständigkeit aufgeben zu müssen. Zwischen den beiden Figuren hat sich die Grundtugend der Liebe entwickelt, wie die Protagonistin im Gespräch mit Limoilou zugibt: „On s'aime beaucoup" (*THA* 97). Diese Liebe, welche ihr die Lösung des Kernkonflikts zwischen Intimität und Isolierung ermöglicht hat (vgl. Erikson 1973, 270), kann Marine nun auch dem jungen Mädchen entgegenbringen, dem sie am Ende der Erzählung ein neues Zuhause gibt.

6.2 Marines soziale Rollen
6.2.1 Privatleben

Die wichtigste Rolle in Marines Privatleben ist diejenige, welche sie gegenüber dem Schriftsteller Jack Waterman einnimmt. Im Verlauf der Erzählung entwickelt sich die Freundschaft der beiden Figuren zu einer starken Verbundenheit und schließlich zu einer Liebesbeziehung. Diese Entwicklung deutet sich bereits bei ihrer ersten Begegnung an, als die Protagonistin auf Jacks Verhalten ihr gegenüber folgendermaßen reagiert: „Je suis séduite [...], mais il n'est pas question de le montrer" (*THA* 27). Diese Aussage ist doppeldeutig, weil das Partizip „séduite" sowohl „begeistert" bzw. „hingerissen" als auch „verführt" bedeuten kann, was auf die Art der späteren Beziehung der beiden Figuren hinweisen könnte. Dass diese Beziehung offenbar über eine enge Freundschaft hinausgeht, zeigt sich auch darin, wie die junge Frau grundsätzlich das Verhältnis zwischen Übersetzer und Autor beschreibt: „On fait un drôle de travail, nous les traducteurs. N'allez pas croire qu'il nous suffit de trouver les mots et les phrases qui correspondent le mieux au texte de départ. Il faut aller plus loin, se couler dans l'écriture de l'autre comme un chat se love dans un panier. On doit *épouser* le style de l'auteur" (*THA* 41, Herv. J. P.). Die Wortwahl der Protagonistin ist erneut sehr aufschlussreich, wie Anja Siouda erläutert: „Die Verwendung des von Poulin schräg hervorgehobenen Worts *épouser* ist natürlich bewusst doppeldeutig. Sowohl die Bedeutung von *heiraten* wie auch diejenige von *sich zu eigen machen, sich anpassen, sich anschmiegen* sind hierin enthalten" (2010, 29, Herv. A. S.). Lori Saint-Martin hebt zudem die Verwendung des Verbs „love" hervor: „Le sens [de ce mot] saute aux yeux dans un contexte bilingue" (2007, 43). Marines Formulierungen gehen auf einen Satz zurück, welchen einer ihrer Professoren benutzt hat, um das Verhältnis von Kafka zu der Übersetzerin Milena zu beschreiben (vgl. *THA* 113). Der Kurs, welchen der Professor geleitet hat, trug passenderweise den Titel

„La traduction est une histoire d'amour" (*THA* 112), welcher sowohl das Verhältnis zwischen Milena und Kafka als auch die Beziehung zwischen Marine und Jack Waterman beschreiben könnte.

Die Protagonistin nimmt Jack gegenüber die Rolle einer Lebensgefährtin ein, aber als Geliebte kann man sie kaum bezeichnen. Trotz des zärtlichen Umgangs der beiden miteinander ist bspw. Sexualität für sie offensichtlich nicht von Bedeutung, wie Lori Saint-Martin beobachtet: „L'amour dont il est question ici est décorporalisé, consommé uniquement dans les mots" (2007, 43). Diese Feststellung scheint durch die folgenden Erläuterungen der jungen Frau bekräftigt zu werden:

> Il [Jack] prit une fraise bien mûre et me la mit doucement dans la bouche. Comme il me regardait avec un air moqueur, je me rendis compte que j'avais la chevelure ébouriffée et que mon t-shirt était un peu court. Je retournai dans la chambre pour m'habiller. Les histoires de sexe, on ne s'en occupait pas, monsieur Waterman et moi. On n'en avait jamais discuté, mais la plupart du temps, il semblait ne pas s'intéresser à cet aspect de ma personne. Je peux dire que ça m'arrangeait. (*THA* 75-76)

Anja Siouda weist jedoch zurecht darauf hin, dass „die Szene mit der Erdbeere natürlich ausgesprochen erotisch" wirke und dass auch andere Stellen des Romans mit „deutlichen erotischen Anspielungen durchsetzt" seien (2010, 29). Das Verhalten der jungen Frau entspricht nämlich nicht immer ihren eigenen Bekundungen zum Thema Sexualität. Dies zeigt sich bspw., als sie versucht, den Schriftsteller mit einem Sprung in den Teich am Chalet zu beeindrucken: „Je mis mon bikini et, traversant le solarium, je quittai le chalet par la porte avant. Monsieur Waterman m'observait certainement par la fenêtre, alors je pris mon temps pour descendre le talus qui menait à l'étang" (*THA* 114). Die Protagonistin scheint Jack eine kleine Vorführung bieten zu wollen, allerdings missglückt ihr Sprung ins Wasser und sie verliert das Bewusstsein. Der Schriftsteller zieht sie ans Ufer, trägt sie ins Chalet und bringt ihr ein Handtuch und eine Decke (vgl. *THA* 114-115). Marine klappert absichtlich mit den Zähnen, bis Jack sie mit einem wärmenden Mittel einreibt: „Une bonne chaleur me pénétrait à mesure qu'il frottait mes épaules, mon dos, mes reins. J'aurais voulu que ça ne s'arrête jamais et, pour un peu, je me serais mise à ronronner" (*THA* 115-116). Dabei kann das Verb „pénétrer" einmal mehr als sexuelle Anspielung gesehen werden – wie übrigens auch das Verb „ronronner", welches auf das Motiv der

Katze verweist, das Janet M. Paterson zufolge in Poulins Werk für unterdrückte bzw. verdrängte Sexualität stehen kann (1992, 190).

Als Marine und Jack die junge Limoilou im Krankenhaus besuchen, gibt die Protagonistin schließlich zu, dass der Schriftsteller und sie eine Liebesbeziehung führen: „On s'aime beaucoup [...]. Monsieur Waterman vient souvent à l'île, et parfois c'est moi qui me rends à Québec. On n'a pas vraiment décidé de vivre comme ça, mais c'est ce qui nous convient pour l'instant" (THA 120). Dass die beiden nicht zusammen wohnen, mag daran liegen, dass die Protagonistin auch in der Rolle als Jacks Lebensgefährtin eine gewisse Unabhängigkeit behalten möchte, welche sie aufgrund ihrer freiheitsliebenden Persönlichkeit benötigt (siehe Kap. 6.1.1). Trotzdem will sie versuchen, dem Schriftsteller treu zu bleiben, wie sie abschließend zu versichern scheint: „Dans le chapitre que je traduisais, qui était le dernier, monsieur Waterman avait enlevé tout les mots inutiles, il avait soigné la ponctuation et j'essayais de lui être fidèle. Comme Milena, je voulais que mes mots épousent les courbes de son écriture" (THA 131).

Marine nimmt außerhalb ihrer Beziehung zu Jack Waterman eine weitere private Rolle ein, nämlich im Verhältnis zu dem jungen Mächen Limoilou. Man könnte von der Rolle einer großen Schwester sprechen, aber es gibt mehrere Anzeichen dafür, dass es sich eher um die Rolle einer Mutter handelt. Der Kontakt zu Limoilou entsteht dadurch, dass die Protagonistin auf ihrem Grundstück die junge schwarze Katze des Mädchens findet (vgl. THA 11). Marine ist wegen der Nachricht, welche am Halsband des Tieres befestigt ist, sehr beunruhigt und lässt die Adresse seiner Besitzerin herausfinden, wobei sie erfährt, dass das Mädchen einer Aktennotiz zufolge entweder polizeilich gesucht oder geschützt wird (vgl. THA 44). Die Protagonistin ist überrascht darüber, wie sehr ihr das Schicksal des jungen Mädchens am Herzen liegt. Als Jack ihr mitteilt, dass es von seiner Wohnung aus möglich sei, Limoilou auf der Dachterrasse des nahe gelegenen Wohnhauses zu beobachten, und dass er festgestellt habe, dass sie einen Verband um die Handgelenke trägt (vgl. THA 63-64), wird Marine jedoch schlagartig bewusst, dass das Mädchen sie an ihre kleine Schwester erinnert, welche sich das Leben genommen hat, während sie selbst noch in Europa war (vgl. THA 64-65). Die Protagonistin macht sich große Vorwürfe, weil sie ihrer Schwester nicht zur Seite gestanden hat: „J'étais coupable de n'avoir pensé qu'à moi, de n'être pas allée au secours de ma sœur, de l'avoir abandonnée. La vieille blessure s'était rouverte" (*THA* 65). Marines Schuldgefühle werden dadurch verstärkt, dass sie der Ansicht ist, ihrer kleinen Schwester nicht ausreichend beigestanden zu haben, wohingegen diese sie in der Kindheit vor einem Missbrauch durch einen ihrer Onkel gerettet hatte (vgl. *THA* 98).

Dass die junge Frau das Schicksal Limoilous mit dem ihrer kleinen Schwester verbindet, könnte man als Anzeichen dafür werten, dass sie sich dem jungen Mädchen gegenüber ebenfalls als große Schwester fühlt. Insgesamt nimmt die Protagonistin jedoch nach und nach die Rolle einer Mutter ein. Dies deutet sich bereits in ihrem Umgang mit Limoilous schwarzer Katze an, welche zunächst ausgesetzt und dann von Marines eigener Katze vom Grundstück verjagt worden ist: „Je berçai longuement le jeune chat. Il devait éprouver un sentiment de rejet, à cause de la vieille femme et de Chaloupe, et je voulais le consoler. C'est ce que ma mère faisait quand j'étais petite" (*THA* 36). Man kann davon ausgehen, dass die Protagonistin hier bereits vermutet, dass auch das Mädchen selbst ein „sentiment de rejet" empfinden muss. Dass diese Vermutung gerechtfertigt ist, zeigt sich, als Marine Limoilou, die nach dem Selbstmord der älteren Frau noch unter Schock steht, im Krankenhaus besucht und dabei erfährt, dass man dem Mädchen vorgeschlagen hat, es in einem Heim unterzubringen (vgl. *THA* 118). Die Protagonistin bietet daraufhin Limoilou an, zu ihr ins Chalet zu ziehen. Als das Mädchen sich plötzlich abwendet, befürchtet Marine, dass es das Angebot ablehnen wird, und sie sucht nach möglichen Ursachen: „Mes explications lui avaient déplu, ou j'avais trop parlé. Peut-être que le chalet lui paraissait trop isolé. Ou bien elle n'aimait pas du tout la campagne. Ou encore c'est moi qu'elle n'aimait pas" (*THA* 121-122). Die Befürchtungen der Protagonistin erweisen sich jedoch als unbegründet, denn Limoilou möchte sich lediglich das Angebot in Ruhe überlegen. Als Marine und Jack später noch einmal ins Krankenhaus kommen, scheint das Mädchen noch immer unschlüssig zu sein und auch an sich selbst zu zweifeln: „Je suis bonne à rien, se plaignit-elle. Pourquoi vous intéressez-vous à moi?" (*THA* 126). Die Protagonistin weiß zunächst nicht recht, wie sie auf diese Aussage und die einsetzenden Weinkrämpfe reagieren soll: „Je posai une main sur son épaule. [...] Je lui caressais doucement le dos et les épaules. [...] Elle n'arrêtait pas de pleurer" (*THA* 126). Da die vorsichtigen Versuche, das Mädchen zu beruhigen, keinen Erfolg zeigen, beginnt Marine schließlich, sich ihrer Mutterrolle entsprechend zu verhalten:

> Ayant retiré mes chaussures, je m'allongeai sur le lit, par dessus les couvertures. Je passai un bras sous sa tête, l'autre autour de sa hanche. Très doucement, pour ne pas l'effaroucher, et aussi parce que j'avais peur moi-même, je la tirai vers moi en retenant mon souffle. Elle se laissa faire. Quand elle nicha sa tête au creux de mon épaule, je sentis ses larmes couler dans mon cou. (*THA* 126)

Die Protagonistin überwindet ihre Unsicherheit und wird belohnt, indem das Mädchen ihre Nähe annimmt und damit gewissermaßen ihre neue Rolle als Mutter bestätigt. Unterstützung erfährt sie durch den Schriftsteller, der sich ebenfalls ans Bett setzt und dem Mädchen über die Haare streichelt (vgl. *THA* 126). An dieser Stelle entsteht sogar der Eindruck, dass es sich um die übliche Rollenverteilung innerhalb einer familiären Struktur handeln könnte: Jack repräsentiert den Vater, Marine die Mutter und Limoilou das Kind.[19] Für ihre neue Rolle nimmt sich die Protagonistin ihre eigene Mutter zum Vorbild:

> Quand j'étais petite et que j'avais un chagrin à n'en plus finir, elle me prenait sur elle dans la grande chaise berçante de la cuisine et me berçait en murmurant des mots doux, des mots qui ne veulent rien dire et servent uniquement à consoler les enfants qui ont de la peine. C'est ce que je tentai de faire à mon tour. (*THA* 127)

Es gelingt ihr, das Mädchen zu beruhigen, sodass ihr erster Versuch, sich in der Rolle der Mutter zurechtzufinden, ein erfolgreiches Ende nimmt. Daher lässt sich vermuten, dass Marine in dieser Rolle – wie auch in der Rolle als Jacks Lebensgefährtin – ihre Identität finden kann.

6.2.2 Berufsleben

Marine ist von Beruf Übersetzerin, wie sie es mehrfach explizit ausdrückt: „Je suis traductrice" (*THA* 11; 22). Dieser Satz ist gleichzeitig eine Antwort auf die Frage, wer sie ist, sodass man davon ausgehen kann, dass ihr Beruf als Übersetzerin für ihr Selbstverständnis von großer Bedeutung ist. In Situationen, in denen sie sich unsicher fühlt, versucht die Protagonistin, sich Mut zuzusprechen, indem sie sich vorstellt, die beste Übersetzerin Québecs zu sein (vgl. *THA* 26). In der Welt der Sprache und des Übersetzens scheint Marine sich geschützt zu fühlen, was sich dadurch andeutet, dass sie ihr Wörterbuch an einer Stelle als

---

[19] Marine hat übrigens bereits an früherer Stelle Jack als Vaterfigur ins Spiel gebracht, nämlich im Zuge eines Spiels, welches sie als Kind mit ihrer Schwester gespielt hat: „C'était à qui s'inventait le père le plus gentil. Encore maintenant, il m'arrive d'imaginer que ce pourrait être monsieur Waterman" (*THA* 49).

„rempart" (*THA* 26), also eine Art Schutzwall, bezeichnet. Dieser Eindruck bestätigt sich, als die junge Frau in einer Zeitschrift ein Interview liest, in welchem Jack sich zu einem Satz Heideggers – „Le langage est la maison de l'être" (*THA* 88) – äußert: „Poussé par les questions de l'interviewer, monsieur Waterman disait que, pour lui, *maison* signifiait abri, refuge" (*THA* 88, Herv. J. P.). Der Vergleich der Sprache mit einem Zufluchtsort gefällt Marine sehr. Nachdem Jack ihr das Gedicht *Le tombeau des rois* von Anne Hébert gezeigt hat, nimmt Marine ihrerseits Bezug auf den Satz Heideggers, als sie die Hoffnung ausdrückt, im Schutz der Sprache eine Beziehung zu Jack aufbauen zu können:

> D'un seul coup, j'étais transportée dans la vieille maison du langage, à mi-chemin entre la terre et le ciel. J'ai l'air de divaguer, mais il n'en est rien: je venais d'entrer dans un lieu, un domaine, un univers où j'étais à l'abri des malheurs de ce monde et où, monsieur Waterman et moi, malgré la différence d'âge, nous avions la possibilité de nous rejoindre. (*THA* 77)

Daran kann man erkennen, dass Marines berufliche Rolle für ihre soziale Identität v.a. deswegen von Bedeutung ist, weil sie der jungen Frau die Hoffnung gibt, sich im Rahmen einer ihr vertrauten Umgebung – der Welt des Übersetzens – dem Schriftsteller Jack Waterman annähern und eine Beziehung zu ihm aufbauen zu können: „S'il existait un moyen de rejoindre quelqu'un dans la vie – ce dont je n'étais pas certaine –, la traduction allait peut-être me permettre d'y arriver" (*THA* 12).

6.3 Kulturelle Einflüsse auf Marines Identitätssuche

Für Marines Suche nach Identität haben kulturelle Einflüsse nicht die gleiche Bedeutung wie für Jack in *Chat sauvage* und Jimmy in *Les yeux bleus de Mistassini*. Auch in ihrem Fall eröffnet jedoch der kulturelle Hintergrund eine Möglichkeit, die Frage nach der eigenen Identität zu beantworten: „Je suis Irlandaise" (*THA* 22).[20] In dieser Antwort ist jedoch mehr enthalten als eine bloße Information, wie die junge Frau selbst feststellt: „J'ai dit ça avec une fierté qui ne m'était pas coutumière" (*THA* 22). Wie die Protagonisten der vorhergehenden Romane ist auch Marine sehr stolz auf ihre kulturelle Herkunft. Dies zeigt sich ebenfalls, als sie versucht, durch das Buch *Les témoins parlent* mehr über die Geschichte der nach Nordamerika ausgewanderten Iren zu erfahren (vgl. *THA* 69-72).

---

[20] Als Irin stellt Marine eine Ausnahme dar, denn Poulins übrige Protagonisten sind allesamt frankokanadischer Herkunft.

Als die junge Frau liest, dass viele von ihnen während der Überfahrt krank wurden und starben, geht ihr das Schicksal der Vorfahren sehr nahe. Sie ist so ergriffen, dass sie das Buch erst spät in der Nacht aus der Hand legen kann und die vergangenen Stunden der Lektüre als „nuit d'horreur" (*THA* 73) bezeichnet. Obwohl Marine sich ihrer kulturellen Identität bewusst ist und sich ihrer Herkunft sehr verbunden fühlt, scheint dies jedoch im Vergleich zu anderen Faktoren keine ausschlaggebende Bedeutung für ihre Identitätssuche insgesamt zu haben.

7. *L'anglais n'est pas une langue magique* (2009)

In *L'anglais n'est pas une langue magique* knüpft die Erzählung dort an, wo sie in *La traduction est une histoire d'amour* aufgehört hat. Als Protagonist und Erzähler von Poulins zwölftem Roman tritt jedoch nicht mehr Marine, sondern der junge Francis in Erscheinung. Dieser steht als sogenannter *lecteur sur demande* im Schatten seines großen Bruders, des Schriftstellers Jack Waterman. Zu seinen Klienten gehört u.a. die junge Limoilou, welche sich in Marines Chalet auf der *Île d'Orléans* von den Geschehnissen ihrer jüngsten Vergangenheit erholt. Jack hingegen widmet sich überwiegend seinem neuen Roman, in welchem es um die Rolle des Französischen in Amerika geht. Der Alltag des Protagonisten wird durch den Anruf einer mysteriösen Frau aufgewühlt, welche ihn um eine Lektüresitzung bittet, aber weder zur vereinbarten Uhrzeit noch zu einem späteren Zeitpunkt in ihrem Appartement anzutreffen ist. Außerdem wird der junge Mann von einem aufdringlichen Polizisten verfolgt, welcher sich mit dem Verschwinden der Frau zu befassen scheint. Trotz dieser Probleme nimmt die Erzählung für Francis ein gutes Ende, da sich Marine auf besonders zärtliche Weise für seine Lektüresitzungen mit Limoilou bedankt.

7.1 Francis – die Emanzipation eines kleinen Bruders

Francis ist nach eigenen Angaben in etwa so alt wie Marine, die Lebensgefährtin seines Bruders Jack (vgl. *ALM* 27). Auch er sieht sich mit dem Kernkonflikt zwischen Intimität und Isolierung konfrontiert, welcher laut Erikson – wie bereits erwähnt – die Lebensphase des frühen Erwachsenenalters prägt (vgl. 1981, 114; siehe auch Kap. 5.1 und 6.1). Der junge Mann läuft Gefahr, sich aufgrund seiner Minderwertigkeitsgefühle zu isolieren, welche mit seiner Kindheit zusammenhängen. Diese muss Francis überwinden, damit sie ihn nicht bei seiner Suche nach menschlicher Nähe einschränken, die zu der erhofften Intimität führen soll.

7.1.1 Minderwertigkeitsgefühle

Francis leidet unter schwerwiegenden Minderwertigkeitsgefühlen, welche sich schon in der Art und Weise andeuten, wie sich der junge Mann zu Beginn der Erzählung dem Leser vorstellt: „Vous ne me connaissez pas du tout. Je descends à pied la rue Saint-Jean, vous êtes assis à la terrasse du Hobbit et vous ne me voyez même pas. Je suis le petit frère de Jack" (*ALM* 11). Der Protagonist scheint der Meinung zu sein, dass er von anderen Menschen noch nicht einmal wahrgenommen wird, da er als unscheinbarer kleiner Bruder im Schatten des Schriftstellers Jack Waterman steht. Francis hat dieses Selbstbild so stark verinnerlicht, dass der Minderwertigkeitskomplex, welcher diesem Bild zugrunde liegt, sich nicht nur im Verhältnis zu seinem Bruder äußert, sondern sich auf alle Lebensbereiche erstreckt.[21] Dies kann man daran erkennen, dass der junge Mann sich nur einmal als „*le* petit frère *de Jack*" (*ALM* 11, Herv. D. P.) vorstellt, sich aber auffallend häufig als „*un* petit frère" (ALM 13; 29; 49; 95; 108; 119; 146; 155, Herv. D. P.) – mit unbestimmtem Artikel und ohne Bezugswort – bezeichnet.[22]

Die Tragweite der Minderwertigkeitsgefühle des Protagonisten wird in vielen Situationen deutlich. Als er eines Morgens mit Jack zur *Île d'Orléans* fährt, zeigt dieser ihm das Buch *Far West* von Lewis und Clark und bittet ihn, Limoilou daraus vorzulesen, was Francis offensichtlich missfällt.: „Je n'ai rien dit parce que je suis un petit frère, mais il ne tenait pas compte du fait que je préparais toujours mes séances avec le plus grand soin" (*ALM* 49). Der junge Mann scheint gegenüber seinem Bruder seine Meinung nicht offen äußern zu können. Seine Minderwertigkeitsgefühle schlagen sich in mangelndem Selbstvertrauen nieder. Nachdem er die mysteriöse Anruferin, welche ihn um eine Lektüresitzung gebeten hat, weder zum verabredeten Zeitpunkt noch später in ihrem Appartement antreffen kann, gesteht sich Francis resignierend ein, dass es ihm nicht gelingt, zwischen den rätselhaften Umständen ihres Verschwindens einen Zusammenhang herzustellen: „Ce jour-là, il me fut impossible d'aller plus loin. Après tout, *je ne suis qu'un petit frère*" (*ALM* 95, Herv. D. P.).[23] Das Gefühl, *nur* ein kleiner Bruder zu sein, hat auch Auswirkungen auf seinen Umgang mit dem anderen Geschlecht, sodass er zugeben muss: „Toutes les filles m'intimident, même les plus jeunes" (*ALM* 31). Er

---

[21] Das Verhältnis des Protagonisten zu seinem Bruder Jack wird in Kap. 7.2.1 genauer untersucht.

[22] Überhaupt taucht sein Name Francis im gesamten Roman nur einmal auf, nämlich in Form seiner Unterschrift unter dem kurzen Schreiben, welches er im Appartement der verschwundenen Frau hinterlässt (vgl. *ALM* 41).

[23] Ähnlich reagiert der Protagonist an späterer Stelle, als er immer noch keine Antworten auf seine Fragen bezüglich der mysteriösen Frau gefunden hat: „Ce n'est pas un petit frère qui peut répondre à ce genre de questions" (*ALM* 108).

zweifelt sogar am Wert seiner Arbeit als *lecteur professionnel*: „Mon travail de lecteur me plaisait beaucoup, mais je n'étais pas certain de son efficacité: voilà ce qui arrive quand on est un petit frère" (*ALM* 119).

Der junge Mann bedient sich zweier Strategien, um seine Minderwertigkeitsgefühle zu besiegen oder zumindest vorübergehend zu verdrängen. Die erste Strategie besteht in der Identifikation mit Henri Richard, einem jungen Eishockeyspieler, welchem Francis zufolge wegen der herausragenden Leistungen seines älteren Bruders Maurice oftmals wenig Beachtung zuteil wurde:

> Henri Richard était un petit frère comme moi. Quand il avait commencé sa carrière avec les Canadiens de Montréal, l'équipe était dominée depuis longtemps par son frère Maurice. Celui-ci détenait des records et ses exploits étaient légendaires. [...] Sans le vouloir, Maurice Richard était devenu l'idole des Canadiens français, le sauveur de la nation, celui qui pouvait nous venger de la défaite des Plaines d'Abraham. [...] Il ne m'en fallait pas davantage, toutefois, pour savoir que le jeune Henri n'avait aucune chance d'égaler les résultats de son illustre frère. Il était dans la même situation que moi par rapport à Jack. (*ALM* 34-35)

Aus der Tatsache, dass Henri Richard trotzdem ein erfolgreicher Eishockeyspieler geworden ist (vgl. *ALM* 35), zieht der Protagonist Hoffnung und Zuversicht für sich selbst: „Ses succès me réchauffaient le cœur et, par moments, j'avais l'impression de grandir à travers lui" (*ALM* 36). Da der Protagonist nach eigener Angabe jedoch nicht so viel Mut hat wie sein Vorbild Henri, wählt er gegebenenfalls eine zweite Strategie: „Quand la vie me fait des misères, il m'arrive de chercher refuge dans le rêve" (*ALM* 73). Träume ermöglichen dem jungen Mann Erfolgserlebnisse, welche ihm in der Realität verwehrt bleiben. Sie geben ihm Halt und bieten ihm einen Ausgleich im Umgang mit den Schwierigkeiten des realen Lebens (vgl. *ALM* 134-135). Francis' Lieblingstraum spielt sich im Rahmen einer Eishockeypartie ab, in welcher er als maskierter Torhüter der *Canadiens de Montréal* ohne das Wissen seiner Mitspieler die Rolle des eigentlichen Torhüters übernimmt und im entscheidenden Moment unter dem Jubel der Zuschauer ein Tor der gegnerischen Mannschaft verhindert, während er gleichzeitig Gedichte von Alain Grandbois liest (vgl. *ALM* 73-78). Am Ende des Traums stellt er zufrieden fest: „Je suis la Merveille masquée" (*ALM* 78). Es ist bezeichnend, dass dieser positiv gestaltete Satz, welcher eine Antwort auf die Frage nach seiner Identität geben könnte, nur innerhalb der Traumwelt des jungen Mannes Gültigkeit hat, wohingegen er sich in der Realität nur als ein kleiner Bruder fühlt.

Der Ursprung des Minderwertigkeitskomplexes scheint in der Kindheit des Protagonisten zu liegen. Seinen Angaben zufolge ist er in einem Dorf der *Cantons-de-l'Est* aufgewachsen (vgl. *ALM* 15).[24] Bei der Beschreibung seiner Eltern hebt der junge Mann die sehr große Fürsorglichkeit seiner Mutter hervor (vgl. *ALM* 15) und lässt für seinen Vater eine gewisse Bewunderung anklingen: „Mon père mesurait six pieds deux pouces. Svelte, toujours bien mis, il ramenait ses cheveux en arrière et portait une fine moustache. D'après Jack, il ressemblait à l'ancien acteur Errol Flynn. À mes yeux, il était capable de tout faire" (*ALM* 16). Um die teilweise heftigen Wutanfälle des ansonsten freundlichen Vaters zu beschwichtigen, hat Francis oft versucht, ihm behilflich zu sein, indem er z.B. morgens, wenn sein Vater länger schlafen wollte, den Geschäftsraum des *magasin général* der Eltern hergerichtet hat: „J'espérais de toutes mes forces que mon père allait se rendre compte que j'avais bien travaillé. C'était impossible, à mon avis, de ne pas voir avec quel soin j'avais fait le ménage et rempli les tablettes d'épicerie. À chaque fois, j'étais déçu. Il ne remarquait rien" (*ALM* 17). Das Verhalten des Protagonisten und v.a. seine Enttäuschung über das ausbleibende Lob seines Vaters lassen sich vor dem Hintergrund eines Schlüsselerlebnisses aus seiner Kindheit erklären: „Je ne suis sûr de rien, peut-être que je rêvais, mais il me semble qu'un de mes oncles a laissé entendre que je n'avais pas été ‚désiré', que j'étais arrivé ‚par surprise'" (*ALM* 134). Das Gefühl, möglicherweise nicht erwünscht gewesen zu sein, hat sich früh im Gedächtnis des Protagonisten verankert und vermutlich zur Entstehung seiner Minderwertigkeitsgefühle beigetragen. Diese scheinen dadurch verstärkt worden zu sein, dass er immer wieder vergeblich versucht hat, es seinem nahezu übermächtig wirkenden Vater recht machen zu wollen, um dafür mit Anerkennung belohnt zu werden.

Die Kindheitserinnerungen des Protagonisten werden durch rätselhafte Umstände im Zusammenhang mit der bereits erwähnten mysteriösen Frau wachgerufen. Als er zur vereinbarten Lektüresitzung in der *Rue de Bernières* erscheint, findet er das Appartement der Frau unverschlossen vor, kann sie allerdings dort nicht antreffen (vgl. *ALM* 22). Da die Frau ihre Wohnung allem Anschein nach erst vor kurzem verlassen hat, hofft der junge Mann, dass sie bald zurückkehren wird. Diese Hoffnung erfüllt

---

[24] In Wahrheit sind Francis und seine Geschwister allerdings in der Region Beauce aufgewachsen, wie der junge Mann im nachfolgenden Roman *L'homme de la Saskatchewan* erläutert (vgl. *HS* 54).

7.1 Francis – die Emanzipation eines kleinen Bruders

sich jedoch nicht und er muss – irritiert und beunruhigt – unverrichteter Dinge den Heimweg antreten (vgl. *ALM* 22-25). Nachdem Francis in der folgenden Nacht von der mysteriösen Frau geträumt hat, will er sie am nächsten Tag noch einmal aufsuchen (vgl. *ALM* 39-40). Als er sich in der immer noch verlassenen Wohnung umsieht, nimmt er plötzlich einen Duft wahr, der ihn an eine Situation aus seiner frühen Kindheit erinnert:

> Allongé sur le lit de mes parents, la tête entre les mains, je regardais ma mère. J'avais peut-être cinq ans. Elle était installée devant sa coiffeuse et portait une combinaison blanche à bretelles qui lui laissait les bras nus. Les yeux fixés sur un miroir à trois volets, elle se fardait les joues, se mettait du rouge à lèvres, se parfumait. L'odeur qui se répandait dans la chambre était enivrante, je trouvais ma mère très belle et je n'aurais cédé ma place pour rien au monde. (*ALM* 43)

Der Duft scheint in der Vorstellung des Protagonisten eine Assoziation zwischen der mysteriösen Frau und seiner Mutter ausgelöst zu haben, nach deren Liebe er sich offenbar zurücksehnt, weil diese mütterliche Liebe vermutlich einen Teil der Probleme im Verhältnis zu seinem Vater kompensieren konnte. Francis' Bemühungen, mit der verschwundenen Frau nach deren telefonischer Anfrage in Kontakt zu bleiben, spiegeln daher eigentlich den Versuch wider, die Verbindung zu seiner Mutter nicht abreißen zu lassen. Dies könnte auch der wahre Grund dafür sein, dass er ein aufgeschlagenes Notizbuch, in welchem sein Name und seine Telefonnummer vermerkt sind, aus dem Appartement der *Rue de Bernières* mitnimmt, denn dabei handelt es sich um das einzige sichtbare Zeichen seiner Verbindung zu der mysteriösen Frau – und damit zu seiner Mutter (vgl. *ALM* 44). Einige Tage später will der junge Mann ein weiteres Mal zum Appartement der Frau zurückkehren, aber er ist sich plötzlich nicht mehr sicher, ob er bezüglich ihres Schicksals wirklich Gewissheit haben möchte (vgl. *ALM* 66). Möglicherweise fürchtet er, seine Kindheitserinnerungen ein für alle Mal hinter sich lassen zu müssen, falls die mysteriöse Frau tatsächlich endgültig verschwunden sein sollte.

Nachdem Francis das Haus einige Zeit beobachtet hat, wird er in seinem Auto sitzend von einem Polizisten der *Royal Canadian Mounted Police* überrascht, welcher ihn nach seiner Beziehung zu der verschwundenen Frau fragt und ihm im Austausch gegen das Notizbuch Informationen über die Frau anbietet (vgl. *ALM* 67-71).[25] In der Gegenwart des Polizis-

---

[25] Dabei erfährt der Leser weder, woher der Polizist von der Existenz des Notizbuches weiß, noch wie er darauf kommt, dass Francis es an sich genommen hat.

ten verhält sich der junge Mann keineswegs kooperativ, sondern reagiert erstaunlicherweise eher gereizt und verärgert: „C'était plutôt de l'agacement que j'éprouvais. Je m'étais construit un monde imaginaire autour de la mystérieuse femme, et voilà qu'un intrus pénétrait dans mon petit univers et risquait de tout jeter par terre" (*ALM* 69). Dass Francis den Polizisten als Eindringling sieht, welcher eine Gefahr darstellt für die imaginäre heile Welt, die er sich durch die Erinnerungen an seine Mutter konstruiert hat, liegt möglicherweise daran, dass der Mann ihn an seinen Vater und damit an weniger schöne Aspekte seiner Kindheit erinnert. Als der Polizist ihn in seiner Wohnung aufsucht, wird dem Protagonisten die Ähnlichkeit zwischen dem Mann und seinem eigenen Vater bewusst: „En le regardant [...], je découvrais avec étonnement qu'il ressemblait beaucoup à mon père. Il avait le même visage creusé, le même air sérieux et aiffairé" (*ALM* 93). Neben seiner Mutter in der Figur der verschwundenen Frau ist damit auch der übermächtige Vater in der Figur des unfreundlichen Polizisten in das Leben des jungen Mannes zurückgekehrt. Francis händigt dem Mann nur widerwillig das Notizbuch aus und zeigt sich nicht interessiert an den Informationen, welche dieser ihm in Aussicht gestellt hat, da er ihn so schnell wie möglich loswerden möchte (vgl. *ALM* 94-95). Als seine Schwester ihm später von einer angeblichen Begegnung mit der mysteriösen Frau erzählt und behauptet, diese gleiche einer der Figuren in einem Gemälde, welches in seinem Appartement hängt, hat der junge Mann einen Moment der Erleuchtung:

> Elle désignait, au milieu de la toile, une silhouette blanche qui mesurait à peine quelques centimètres. Je ne l'avais jamais remarquée. De plus, elle semblait sur le point de disparaître à l'horizon. [...] En un éclair, je compris que la mystérieuse femme était en train de sortir de ma vie. [...] J'avais [...] l'impression qu'une partie de moi, liée à mon enfance, commençait à se détacher. (*ALM* 108)

Durch das Verschwinden der mysteriösen Frau aus seinem Leben wird der Protagonist mit der Loslösung von seiner Kindheit, v.a. von der Liebe seiner Mutter, konfrontiert. Seine Schwester sorgt durch eine heftige verbale Auseinandersetzung mit dem Polizisten dafür, dass der Mann Francis nicht mehr behelligt (vgl. *ALM* 111-112), sodass der Protagonist auch die negativen Erinnerungen an seinen Vater hinter sich lassen kann. Nur durch diesen endgültigen Bruch mit seiner Kindheit kann sich dem jungen Mann auch die Möglichkeit bieten, seine Minderwertigkeitsgefühle zu überwinden.

7.1.2 Suche nach menschlicher Nähe

Francis hat seine Kindheit und die Liebe seiner Mutter zurücklassen müssen und kann nun im Umgang mit anderen Menschen Nähe und Intimität zulassen. Dies zeigt sich schon bald während einer Lektüresitzung mit Limoilou, als das Mädchen ihn bittet, sich so zu setzen, dass sich ihre Fußsohlen berühren: „Ce n'était pas la position la plus confortable, mais sa peau était si douce et si lisse que j'avais le goût de lire très longtemps" (*ALM* 127). Francis genießt diesen Moment der Intimität, obwohl er befürchtet, dass seine Stimme zittern könnte, weil es sich für ihn um eine ungewohnte Situation handelt (vgl. *ALM* 127). Seine Aufmerksamkeit gilt jedoch hauptsächlich Marine, welche er auch während seiner Sitzungen mit dem jungen Mädchen immer wieder aus dem Augenwinkel beobachtet (vgl. *ALM* 121). Dass die Übersetzerin es ihm angetan hat, lässt sich daran erkennen, dass er sie in Gedanken mit dem Bild der Indianerinnen verknüpft, welche in dem Buch, aus dem er vorliest, die Teilnehmer der Expedition von Lewis und Clark mit ihren Zärtlichkeiten verwöhnt haben (vgl. *ALM* 122). Obwohl sich Francis nach der Nähe der jungen Frau sehnt, scheint die Intimität mit ihr zunächst nur in seiner Vorstellung einen Platz zu haben. Dies zeigt sich, als er nach seiner letzten Lektüresitzung mit Limoilou das Chalet verlässt und Marine, welche sich auf der anderen Seite des Teiches befindet, zum Abschied zuwinkt: „Quand elle me rendit mon salut, la grande serviette qui entourait ses épaules s'entrouvrit un instant. Je gardai cette image en mémoire pour qu'elle me tienne compagnie sur le chemin du retour à Québec" (*ALM* 131). Die räumliche Distanz kann als Zeichen dafür gedeutet werden, dass die von Francis erhoffte zwischenmenschliche Annäherung der beiden noch nicht stattgefunden hat. Dies ändert sich erst, als Marine ihn ins Chalet einlädt, um sich für seine Lektüresitzungen mit Limoilou zu bedanken (vgl. *ALM* 139). Der Protagonist wird plötzlich von großer Unsicherheit ergriffen, als er die junge Frau vor dem Chalet erstmals in einem Rock sieht (vgl. *ALM* 139). Er scheint zu ahnen, dass ihn eine Überraschung erwartet, welche dann auch tatsächlich eintrifft. Nach einem gemeinsamen Essen und einigen Gläsern Wein führt Marine ihn in ihr Schlafzimmer, wo sie ihm eine Frage stellt, welche sich direkt auf sein Selbstbild und damit auf seine Identität bezieht: „Qui es-tu?" (*ALM* 142) Der junge Mann findet keine treffende Antwort auf diese Frage, was einmal mehr beweist, dass er sich immer noch auf der Suche nach seiner

Identität befindet. Immerhin liefert er aber schon einen kleinen Vertrauensbeweis, indem er Marine gesteht, dass auch er sich im Rahmen der Sitzungen mit Limoilou verändert hat (vgl. *ALM* 143). Da die junge Frau ihm anschließend alle die Zärtlichkeiten zukommen lässt, welche er sich immer erträumt hat, findet er nun doch noch eine Antwort auf ihre eingangs gestellte Frage: „À la fin, je n'étais pas sûr d'être encore un petit frère" (*ALM* 146). Diese Antwort ist zwar sehr vorsichtig formuliert und klingt etwas vage, aber sie zeigt dennoch, dass es Francis offenbar gelungen ist, durch die von ihm erfahrene Nähe zu Limoilou und v.a. zu Marine den Minderwertigkeitskomplex des kleinen Bruders zu überwinden. Da die Übersetzerin eigentlich Jacks Lebensgefährtin ist, kann man am Ende der Erzählung nicht absehen, ob sich aus diesen ersten Erfahrungen zwischenmenschlicher Nähe die Grundtugend der Liebe entwickeln kann, welche laut Erikson den Kernkonflikt zwischen Intimität und Isolierung lösen würde (vgl. 1973, 270). Dennoch ist Francis zuversichtlich, da er hofft, Marine in Zukunft häufiger sehen zu können: „Je connaissais un petit frère qui avait hâte de la serrer dans ses bras. Il en rêvait le jour et la nuit" (*ALM* 155). In dieser Aussage wirkt die Bezeichnung „un petit frère" eher humorvoll und selbstironisch, sodass der Eindruck entsteht, dass die Identitätssuche des jungen Mannes – soweit man es anhand des Textes beurteilen kann – erfolgreich verlaufen ist.

7.2 Francis' soziale Rollen
7.2.1 Privatleben

Der Protagonist nimmt in seinem Privatleben v.a. die vorgegebene Rolle als Jacks kleiner Bruder ein (vgl. *ALM* 11).[26] Das Verhältnis der beiden Brüder spiegelt sich in ihren Unterkünften wider: „Jack habite au douzième et dernier étage, et moi je suis au premier. C'est normal, il est écrivain" (*ALM* 20). Francis blickt nicht nur buchstäblich zu seinem Bruder auf, sondern sieht ihn grundsätzlich als ein Vorbild an, an welchem er sich zu orientieren versucht, wenn er sich bezüglich seines eigenen Handelns unsicher ist: „Toutes les fois où j'hésitais sur la conduite à suivre, je me demandai ce que mon frère Jack aurait fait à ma place. Sa détermination était un exemple pour moi" (*ALM* 23). Neben dieser Bewunderung empfindet der junge Mann jedoch auch Eifersucht gegenüber seinem

---

[26] Francis erwähnt neben Jack noch einen anderen großen Bruder namens Théo, welcher Poulins Lesern u.a. aus *Volkswagen blues* bekannt ist.

Bruder, was sich vermutlich hauptsächlich durch seine allgegenwärtigen Minderwertigkeitsgefühle erklären lässt (siehe Kap. 7.1.1). Diese Eifersucht zeigt sich bspw., als Francis in einem Buch, welches Jack von ihrer gemeinsamen Schwester geschenkt bekommen hat, eine Postkarte mit folgendem Satz findet: „Mon cœur est avec toi sur les routes de l'Amérique française" (*ALM* 46). Dem jungen Mann missfallen diese Worte, da sie nicht an ihn selbst, sondern an seinen Bruder gerichtet sind: „Elle [la phrase] me rendit jaloux, car j'étais très attaché à celle que j'appelais toujours ‚Petite sœur'" (*ALM* 46). Auch nach einer zu seiner Zufriedenheit verlaufenen Lektüresitzung mit Limoilou trübt ein plötzliches Gefühl der Eifersucht seine Stimmung, als er Jack und Marine dabei beobachtet, wie sie – gemeinsam in einen Schlafsack gehüllt – einen kleinen Abhang hinunterrollen: „Pour la deuxième fois de la journée, je sentis entrer dans mon cœur une pointe de jalousie, et ce sentiment l'emporta sur le bien-être que mon travail m'avait procuré. Le soleil ne brille pas très longtemps pour les petits frères" (*ALM* 54). In dieser Äußerung wird deutlich, dass der Protagonist sich benachteiligt fühlt und gerne mit Jack tauschen würde.

Sowohl Bewunderung als auch Eifersucht kann man als Formen der z.T. ehrfürchtigen Anerkennung betrachten, welche Francis seinem Bruder entgegenbringt. Somit empfindet der junge Mann auch eine gewisse Genugtuung in dem Gefühl, dass auch er für Jack unentbehrlich zu sein scheint:

> Il me téléphone à n'importe quelle heure pour que je fouille dans mes souvenirs. On l'appelle toujours ‚le vieux Jack'. En fait, il n'est pas si âgé, mais il a des trous de mémoire. Il est capable de m'appeler au beau milieu de la nuit parce qu'il cherche un mot et ne peut pas dormir. (*ALM* 20)

Der Protagonist erweist sich als wichtige Stütze für Jack, weil er zur Stelle ist, wenn der große Bruder von seinem eigenen lückenhaften Gedächtnis beim Verfassen eines neuen Romans gebremst wird: „Il [Jack] oublie les dates des principaux événements qui jalonnent l'histoire du Canada et des États-Unis. Je dresse des listes et des tableaux afin qu'il les affiche sur les murs de son appartement" (*ALM* 45). Darüber hinaus unterstützen Francis und seine Schwester den Schriftsteller im Alltag, indem sie sich um die Beantwortung von Nachrichten auf dem Anrufbeantworter und um den Haushalt des großen Bruders kümmern (vgl. *ALM* 91). Die Fürsorglichkeit des Protagonisten zeigt sich bspw. dadurch, dass er Jack aufzumuntern versucht, als dieser sich über die Begleiterscheinungen seines Alters und die mangelnden Fortschritte beim Verfassen seines Romans beklagt (vgl. *ALM* 114-119). Plötzlich fängt der Schriftsteller sogar an zu weinen. Obwohl Francis der kleine Bruder ist, scheint er in dieser Szene der stärkere von beiden zu sein – derjenige, welcher dem anderen durch seine Gegenwart Halt geben kann: „Il [Jack] se tourna sur son côté gauche, dans sa chaise longue, et releva les genoux sous son menton. Je m'approchai et, après une courte hésitation, je posai une main sur son épaule. Il fit non de la tête, assez vivement, alors je retirai ma main" (*ALM* 119-120).

Aufgrund seines Alters ist der Protagonist zwar auch im Verhältnis zu seiner Schwester ein kleiner Bruder, nennt sie aber trotzdem „petite sœur" (*ALM* 15). Dies weist auf die große Nähe hin, durch welche die Beziehung der beiden Geschwister seit ihrer Kindheit geprägt ist: „En dépit de ses longues absences, ma sœur est depuis toujours ma meilleure amie. Les choses importantes, celles qui me guident dans la vie, c'est elle ou mon père qui me les ont enseignées" (*ALM* 103-104). Darüber hinaus ist Francis von seiner Schwester immer beschützt worden, wenn seine Schulkameraden sich über ihn lustig gemacht haben (vgl. *ALM* 133). Die Beziehung der beiden ist daher sehr eng, wie man erkennen kann, als die junge Frau ihren Bruder besucht: „Me penchant vers elle, je frottai mon nez contre le sien. Cette fois, elle passa ses deux bras autour de mon cou, et ses lèvres effleurèrent les miennes. C'était très doux" (*ALM* 105). Trotz einiger Parallelen wird ihre Intimität jedoch nicht so deutlich beschrieben wie im Falle von Jimmy und seiner Schwester in *Les yeux bleus de Mistassini* (siehe Kap. 5.1.2 und 5.2.1).

Im Verlauf der Erzählung ist es jedoch nicht die Rolle des kleinen Bruders, sondern eine ganz andere Rolle, die für Francis immer stärker an Bedeutung gewinnt. Es handelt sich dabei um die Rolle, welche er im Verhältnis zu Marine einnimmt. Obwohl er der jungen Frau gegenüber anfangs auch nur als Jacks Bruder in Erscheinung tritt, welcher sich in ihrem Chalet mit Limoilou zu Lektüresitzungen trifft, deuten seine Gedanken an, dass er sich eigentlich in einer anderen Rolle sehen möchte: „La vie est compliquée. Bien que Marine soit de mon âge, ce n'est pas moi qu'elle aime: elle est amoureuse de mon frère Jack. D'origine irlandaise, elle a une belle tignasse rousse, les yeux verts et un caractère emporté" (*ALM* 27). Dem jungen Mann ist bewusst, dass sein Schwärmen für Marine nicht mit seiner Rolle als Jacks Bruder vereinbar ist. Umso erstaunter ist er über die große Aufmerksamkeit, welche die junge Frau ihm schenkt, als er – wie bereits erwähnt – ihrer Einladung folgt und sie im Chalet besucht: „Les yeux verts de Marine s'accrochaient aux miens et m'enveloppaient de leur chaleur. J'étais fasciné, mais incapable de dire avec précision ce qu'elle avait en tête" (*ALM* 140). Als Francis später von Marine ins Schlafzimmer geführt wird, errät er ihr Vorhaben und gesteht sich seine Gefühle ein: „À travers les brumes de mon cerveau, je me rendis compte que cette fille de mon âge m'attirait depuis toujours. Je n'avais pas osé le reconnaître: d'abord c'était l'amie de mon frère, et puis elle avait un caractère emporté qui me faisait peur" (*ALM* 141). Da sich seine Rolle durch die Zärtlichkeiten, welche sie ihm zukommen lässt, zu ändern scheint, fürchtet Francis, dass dies zu einem Konflikt mit seiner Rolle als Jacks Bruder führen könnte. Marine kann ihn jedoch diesbezüglich beruhigen: „Ne te casse pas la tête, dit-elle. Je me suis entendue avec lui" (*ALM* 144). Nachdem sie den Protagonisten geküsst hat, beginnt dieser schließlich, ihre Zärtlichkeiten zu erwidern und die gemeinsame Intimität sehr zu genießen: „J'avais le goût que le plaisir ne s'arrête jamais" (*ALM* 146). Diese Liebesszene lässt Francis' Verhältnis zu Marine in einem neuen Licht erscheinen, da er jetzt die Rolle eines Liebhabers einnimmt. Ob es für ihn in dieser neuen Rolle eine Zukunft gibt und ob er auf diese Weise seine Identität finden kann, bleibt am Ende der Erzählung offen. Man kann aber immerhin feststellen, dass Francis durch das neue Verhältnis zu Marine über seine bisher im Vordergrund stehende Rolle als kleiner Bruder hinausgewachsen ist.

7.2.2 Berufsleben

Nach dem Verlassen des Elternhauses hat Francis zunächst keine Arbeit gefunden, sodass er sich für einen außergewöhnlichen Berufsweg entschieden hat: „J'eus l'idée de faire paraître une petite annonce dans le *Journal de Québec* pour offrir mes services comme lecteur sur demande. C'est une appellation que j'aime bien, parce que les initiales font LSD: pour moi, la lecture est une drogue" (*ALM* 19). Seine Liebe zu den Büchern ist geweckt worden, als der Protagonist seinen Onkel auf einer Rundreise mit einem *bibliobus* – einer Art fahrenden Bibliothek – begleitet hat (vgl. *ALM* 33).[27] Seitdem ist Francis ein leidenschaftlicher Leser geworden. Vor diesem Hintergrund kann man nachvollziehen, dass er

---

[27] Bei diesem Onkel, welchen Francis „le Chauffeur" (*ALM* 33) nennt, handelt es sich um den Protagonisten des Romans *La tournée d'automne*.

aus dem Lesen einen Beruf gemacht hat und dass er seine Arbeit als *lecteur sur demande* sehr gewissenhaft ausführt, wie man anhand seiner Vorbereitung auf die geplante Lektüresitzung mit der mysteriösen Anruferin erkennen kann: „Pour réchauffer ma gorge, je lisais à voix haute, m'efforçant de placer les intonations aux bons endroits, de garder un rythme de lecture constant et de ne pas rater les liaisons. Je suis assez maniaque" (*ALM* 23). Diese Arbeitsauffassung erklärt auch die Reaktion des Protagonisten, als Jack ihm auf der Fahrt zum Chalet vorschlägt, Limoilou aus dem Buch *Far West* von Lewis und Clark vorzulesen: „J'étais lecteur professionnel. Il n'était pas question que je me présente chez quelqu'un sans avoir acquis une bonne maîtrise du texte" (*ALM* 49). Francis sieht sich als Profi an, sodass es ihn auch nicht aus der Ruhe bringen kann, als das junge Mädchen ihm Fragen stellt, die sich auf Textpassagen beziehen, welche er ausgelassen hat: „Mon livre était bourré de signets, alors je trouvai la page exacte en quelques secondes. C'est ce qui arrive quand on est un pro" (*ALM* 125).

Der junge Mann ist stolz auf seine Arbeit und darauf, dass er immer mehr Anfragen erhält (vgl. *ALM* 55). Zu seinen Klienten zählt auch der zwölfjährige Alex, welcher im Krankenhaus auf eine Operation am Herzen wartet (vgl. *ALM* 56). Während Francis ihm die Geschichte eines schwarzen Panthers vorliest, versucht er, seine Fähigkeiten ganz bewusst einzusetzen, da er hofft, mit seiner Lektüre einen Beitrag zur Genesung des Jungen leisten zu können: „La panthère noire se laisse apprivoiser et j'espère que, de la même façon, mon jeune client sera capable d'apprivoiser sa maladie" (*ALM* 60). Ähnliches erhofft er sich im Falle eines jungen Mädchens, welches nach einem Motorradunfall im Koma liegt: „On pouvait seulement dire qu'elle reposait quelque part entre la vie et la mort, et qu'un jour, elle aurait à choisir un monde plutôt que l'autre. Mon travail consistait à influencer son choix. Pour y arriver, je n'avais rien d'autre que les mots" (*ALM* 99). An den Gedanken des Protagonisten kann man erkennen, dass er sich seinen Kunden sehr verbunden fühlt und ihnen gegenüber eine große Verantwortung verspürt: „Je guettais le moindre signe d'un réveil. Un léger soupir, un battement de paupière, n'importe quoi" (*ALM* 101).

Francis' wichtigste Kundin ist jedoch Limoilou, welche er seit dem Frühling regelmäßig im Chalet auf der *Île d'Orléans* aufsucht, da Marine seine Dienste für die Genesung des Mädchens als sehr wichtig erachtet: „Une fois, dans un moment d'exaltation, elle avait dit que les séances de lecture étaient une forme de thérapie" (*ALM* 29). Im Umgang mit der schüchternen Limoilou hilft es dem Protagonisten, dass er sich stets seiner Fähigkeiten bewusst ist: „J'étais un lecteur professionnel, et pas seulement un petit frère, alors il n'était pas question d'être ému ou d'avoir le trac" (*ALM* 29). Zu Beginn ihrer gemeinsamen Sitzungen versucht der junge Mann durch die Beibehaltung eines bestimmten Rituals eine vertrauensvolle Atmosphäre zu schaffen (vgl. *ALM* 30-31). Mit der Zeit wird dies jedoch überflüssig, weil das Mädchen zur Freude des jungen Mannes an Selbstbewusstsein gewinnt: „Elle m'adressa un sourire timide. Un peu comme le soleil qu'on entrevoit, l'espace d'une seconde, derrière des nuages qui s'effilochent. C'était la première fois qu'elle posait des questions et que son visage s'éclairait. Du coup, mon âme de lecteur se trouva plus légère et je fis du bon travail jusqu'à la fin de la séance" (*ALM* 53). Bereits in der darauffolgenden Sitzung kann Francis weitere Fortschritte feststellen, da Limoilou mit großem Interesse und ungewohnter Direktheit auf seine Lektüre reagiert, sodass er am Ende der Sitzung sehr glücklich ist: „En sortant du chalet avec elle, j'étais content de moi, j'avais l'âme légère" (*ALM* 130).

Der junge Mann empfindet durch den Erfolg seiner Lektüresitzungen eine große Zufriedenheit, wie man erkennen kann, wenn er seine Arbeit folgendermaßen bilanziert:

> Mes séances de lecture avaient redonné le goût de vivre à la petite Limoilou. Le jeune Alex devait bientôt sortir de l'hôpital avec une valve cardiaque toute neuve. J'étais parvenu, en apparence tout au moins, à réveiller la fille qui se trouvait dans le coma à la suite d'un accident de moto. Et j'avais rendu service à un certain nombre de personnes que je n'ai pas mentionnées jusqu'ici. (*ALM* 134-135)

Sogar Jack – der große Bruder, zu welchem der Protagonist immer aufgeblickt hat – lässt ihm seine Anerkennung zuteil werden: „Toi, au moins, dit-il, tu fais un métier qui sert à quelque chose" (*ALM* 119). Durch seine Lektüresitzungen hat Francis jedoch nicht nur das Schicksal seiner Kunden beeinflusst, sondern auch unbewusst seine eigene Suche nach Identität vorangetrieben, wie er Marine gegenüber erläutert: „Eh bien, on dirait que la thérapie a marché dans les deux sens. Limoilou a changé, mais elle n'est pas la seule: j'ai changé moi aussi" (*ALM* 143). Da der Protagonist sich sehr stark mit seiner Rolle als *lecteur sur demande* identifiziert, lässt sich vermuten, dass er im Rahmen dieser Rolle dauerhaft eine soziale Identität finden kann.

7.3 Kulturelle Einflüsse auf Francis' Identitätssuche

Im Vergleich zur Situation seiner Vorgänger Jack, Jimmy und Marine sind kulturelle Einflüsse für Francis' Identitätssuche von sehr viel größerer Bedeutung. Wie der Titel *L'anglais n'est pas une langue magique* andeutet, wird in Poulins zwölftem Roman der Antagonismus zwischen der frankokanadischen und der anglokanadischen Kultur in ungewohnt deutlicher Weise thematisiert. Dies geschieht dadurch, dass der Schriftsteller Jack Waterman sich bei den Vorbereitungen für seinen neuen Roman ausführlich mit der historischen Rolle des Französischen auf dem nordamerikanischen Kontinent auseinandersetzt, insbesondere im Hinblick auf die Geschichte der Frankokanadier. Als Francis in der *Rue de Bernières* – ganz in der Nähe der *Plaines d'Abraham* – auf die Rückkehr der mysteriösen Frau wartet, erinnert er sich an ein Telefonat mit seinem Bruder, in welchem dieser ihm von der Arbeit an seinem neuen Roman berichtet hat:

> Il [Jack] avait étudié à fond la défaite des Plaines d'Abraham. La bataille qui n'avait duré qu'une demi-heure, s'était déroulée à quelques mètres derrière moi. Le marquis de Montcalm avait été tué, le Canada était devenu un pays britannique et, depuis lors, nous avions tous la mort dans l'âme: c'étaient les mots de mon frère. (*ALM* 23-24)

Mit der Formulierung „la mort dans l'âme" macht Jack deutlich, dass er die Niederlage und die daraus resultierenden politischen Folgen sehr bedauert.

Als Francis in der folgenden Nacht vom Verschwinden der mysteriösen Frau träumt, tauchen auch Bilder von der Schlacht der *Plaines d'Abraham* auf:

> Dans mon rêve, c'était l'aube. La femme sortait de son appartement sans se soucier des livres éparpillés et sans fermer la porte. Elle était vêtue d'une longue robe mousseline avec un capuchon relevé. On la voyait de dos, elle descendait l'escalier sans faire de bruit, glissant sur les marches comme un fantôme. On n'apercevait ni ses pieds, ni ses mains, ni le reste de son corps. La femme arrivait sur les Plaines d'Abraham. Des nappes de brouillard se dispersaient dans les premiers rayons du soleil. On distinguait des soldats couverts de sang qui gisaient dans l'herbe, agitant les bras pour obtenir de l'aide. Elle passait au milieu des blessés sans les voir et semblait indifférente à leurs souffrances. Quelques instants plus tard, elle s'engageait dans un sentier qui descendait la falaise. Parvenue à l'anse au Foulon, elle montait dans une barque, puis dans un grand voilier qui arborait un pavillon fleurdelisé. Mon rêve se figeait sur une dernière image: la

femme était à la proue du voilier, et celui-ci, doublant la pointe de l'île d'Orléans, mettait le cap sur le golfe et la vieille Europe. (*ALM* 39-40)
Der junge Mann kann sich die Bedeutung dieses Traums nicht erschließen, weder unmittelbar nach dem Aufwachen noch zu einem späteren Zeitpunkt. Er entdeckt jedoch einige Hinweise, als er am nächsten Tag noch einmal das Appartement der verschwundenen Frau aufsucht. Francis findet ein großes Durcheinander vor, welches ihm bereits aufgefallen ist, als er einige Tage vorher die Wohnung zum ersten Mal betreten hat: „Des livres traînaient ici et là [...]. La plupart étaient ouverts. Curieusement, je ne voyais que des dictionnaires ou des encyclopédies. Sur les rayons de la bibliothèque, je reconnus les six volumes rouges du *Grand Robert de la langue française*" (*ALM* 24, Herv. J. P.). Bei seinem jetzigen Besuch in der Wohnung fällt dem Protagonisten neben den zahlreichen Wörterbüchern und Lexika – also Büchern zur französischen Sprache – auch ein Stadtplan von Paris auf, an dem ein Zeitungsausschnitt befestigt ist: „C'était un extrait du journal *Le Monde* intitulé ,La pensée française'" (*ALM* 42, Herv. J. P.). Vor dem Hintergrund der Tatsache, dass alle diese Gegenstände auf Frankreich, die französische Kultur und v.a. die französische Sprache verweisen, könnte man den Traum des jungen Mannes so deuten, dass die mysteriöse Frau, die auf einem Schiff der französischen Krone das Land in Richtung Europa verlässt, für Frankreich und die Franzosen steht, welche sich historisch gesehen ebenfalls aus Nordamerika zurückgezogen haben. Diese Vermutung wird dadurch bekräftigt, dass die verschwundene Frau – wie Francis später erfährt – Marianne heißt und damit den Namen der Symbolfigur der französischen Republik trägt (vgl. *ALM* 94).

Der Protagonist selbst glaubt zwar einen Zusammenhang zu erkennen zwischen dem Stadtplan, seinem Traum und dem Namen der Frau, aber er denkt nicht weiter über eine mögliche Deutung nach (vgl. *ALM* 95). Wichtiger scheint für ihn zu sein, dass er die verschwundene Frau mit dem Bild seiner eigenen Mutter verbindet (siehe Kap. 7.1.1). Dieses Bild ist aber auch mit der Deutung des Traums vereinbar: Einerseits ist das Französische die *Mutter*sprache der Frankokanadier und damit auch des Protagonisten; andererseits war Frankreich einst das *Mutter*land der *Nouvelle-France* und kann heute noch als das *Mutter*land Québecs angesehen werden (vgl. Mathieu 2012). Demnach könnte man den Traum auch auf eine zweite Weise deuten: Dass die Frau den nordamerikanischen Kontinent in Richtung Frankreich verlässt, soll möglicherweise den Rückgang des Einflusses der französischen Kultur und v.a. der französischen Sprache in Nordamerika symbolisieren. Im Gegensatz zu der mysteriösen Frau scheint der Polizist der *Royal Canadian Mounted Police* den Einfluss der anglophonen Kultur und der englischen Sprache zu repräsentieren. Als der Mann dem Protagonisten ein Geschäft vorschlagen will und dabei das englische Wort „deal" anstatt des französischen Begriffs „marché" verwendet, reagiert Francis ausgesprochen empfindlich:

> – Les deux mots sont équivalents, affirmai-je. Ils ont exactement le même poids!
> – Et alors?
> – Alors, pourquoi employez-vous le mot anglais?
> Il haussa les épaules. La colère montait en moi et je n'avais pas envie de la réprimer.
> – Je vais vous le dire: c'est parce que vous pensez que l'anglais est une langue magique! (*ALM* 71)

Die energische Reaktion des jungen Mannes ist offenbar dadurch zu erklären, dass er glaubt, seine französische Muttersprache gegen den Einfluss des Englischen verteidigen zu müssen. Umso beschämter ist Francis, als er einige Zeit später beinahe selbst einen englischen Begriff verwendet: „Tout ce qui me vint à l'esprit [...], ce fut les mots anglais *poker-face*. J'eus honte de moi. Pourquoi cette expression au lieu de l'équivalent français *visage impassible*? En étais-je arrivé, moi aussi, à considérer l'anglais comme une langue magique?" (*ALM* 93-94, Herv. J. P.).[28] Warum der Protagonist immer wieder so vehement die Meinung vertritt, dass die englische Sprache keine „langue magique" sei, wird im Roman nicht weiter erläutert. Hélène Gaudreau weist in diesem Zusammenhang jedoch auf mögliche Parallelen zu den Gefühlen hin, welche der junge Mann gegenüber seinem Bruder (siehe Kap. 7.2.1) empfindet:

> S'agit-il d'une projection, mêlée d'admiration et d'envie, qui illustre l'ambiguïté du sentiment d'infériorité que Francis éprouve devant son grand frère? Car *Francis* (presque homonyme de français) idéalise son frère *Jack* (prénom anglais qui

---

[28] Entsprechend vorsichtig wählt der Protagonist seine Worte, als er mit Limoilou eine Textstelle bespricht: „C'est plutôt... mesquin. Un peu plus, j'employais le mot *cheap*, comme si je pensais encore une fois que l'anglais..." (*ALM* 126, Herv. J. P.). Dieselbe Formulierung verwendet er noch ein weiteres Mal, nämlich nachdem seine Schwester ihre angebliche Begegnung mit der mysteriösen Frau beschrieben hat: „J'eus alors une brève illumination, un *flash*, comme disent les gens qui pensent que l'anglais est une langue magique" (*ALM* 108, Herv. J. P.).

évoque Kérouac, figure mythique paradoxale de l'Amérique française). (2009, 13, Herv. H. G.)²⁹

Grundsätzlich zeugen Francis' Bemühungen, die französische Sprache gegen das Englische zu verteidigen, in erster Linie von der großen Bedeutung, welche seine frankokanadische Herkunft für sein Selbstverständnis hat. Er wird dabei durch seinen Bruder Jack bestärkt, der ihm immer wieder von den Verdiensten der Franzosen bei der Erforschung des nordamerikanischen Kontinents erzählt (vgl. *ALM* 47-48). Mit seiner Leidenschaft steckt der Schriftsteller auch seinen jüngeren Bruder an, sodass dieser sich jedes Mal freut, wenn er in dem Buch von Lewis und Clark, aus dem er Limoilou vorliest, auf französische Namen trifft:

> Noms de villages, de forts, de cours d'eau, de collines, mais aussi de voyageurs, de guides d'aventuriers, de traiteurs de fourrures. Ils s'appelaient Loisel, Dorian, Laliberté, Lepage... Leurs noms avaient des consonances familières et je les prononçais avec d'autant plus de respect que l'Histoire les avait oubliés. (*ALM* 81)

Der Protagonist scheint sogar den Eindruck zu haben, selbst zum Erhalt der Erinnerung an die französische Geschichte Amerikas beizutragen, wenn auch nur im Rahmen einer Traumgeschichte, die er sich ausdenkt. In diesem Traum entwendet er gemeinsam mit seiner Schwester einen Metallkoffer mit ganz besonderen Dokumenten – darunter auch das in Wirklichkeit verschollene Tagebuch des Entdeckers Louis Jolliet – aus dem ehemaligen *Musée de l'Amérique française*, um diese zu kopieren und Jack zur Verfügung zu stellen, damit dieser seinen Roman vollenden kann (vgl. *ALM* 137-138).

Der junge Mann hat am Ende der Erzählung den Eindruck, die zahlreichen Figuren seiner Lektüretexte – ob Frankokanadier oder Indianer – im Verlauf seiner Sitzungen mit Limoilou gewissermaßen verinnerlicht zu haben: „C'est comme s'il y avait plusieurs personnes en moi! [...] [T]ous ceux dont j'ai parlé dans mes lectures font maintenant partie de moi" (*ALM* 143). Es ist ihm offenbar bewusst geworden, dass seine eigene kulturelle Identität sich aus den Identitäten aller seiner Vorgänger zusammensetzt:

> Je pensais à Charbonneau, Drouillard, Cruzatte, et à tous les autres, les obscurs et les sans-grade; aux grands explorateurs, Jolliet, La Salle et La Vérendrye; et même à mon père, qui était capable de bâtir une maison. À propos de tous ces gens-là, je voulais dire qu'un peu de leur sang, mélangé à du sang indien, coulait dans mes

---

²⁹ Zur Identität Jack Kérouacs siehe den Aufsatz von Catherine Wells (1995).

veines. J'avais tardé à m'en rendre compte. C'étaient les séances de lecture qui avaient déclenché ma prise de conscience. (*ALM* 144)

Als Nachfahre der genannten Personen scheint Francis versuchen zu wollen, den Stellenwert des Französischen in Nordamerika zu erhalten. Vor dem Hintergrund eines solchen Selbstverständnisses hat man den Eindruck, dass der junge Mann schließlich herausgefunden hat, was seine Identität ausmacht.

8. Vergleichende Perspektive

Die Protagonisten der vier analysierten Romane befinden sich allesamt im Spannungsfeld eines inneren Konfliktes, der gelöst werden muss, damit ihre Identitätssuche erfolgreich sein kann. Diese Suche findet in einem bestimmten sozialen und kulturellen Kontext statt, welcher in die Betrachtung einbezogen werden muss. Die Frage nach der Identität der Protagonisten, also die Frage, wer sie sind, wird demnach im Zusammenspiel ihrer Persönlichkeit, ihrer sozialen Rollen und ihres kulturellen Selbstverständnisses beantwortet. Der Identitätsbegriff umfasst diesem Verständnis nach die individuelle, die soziale und die kulturelle Identität.

In *Chat sauvage* glaubt Jack, bereits eine stabile Identität gefunden zu haben – sowohl in beruflicher Hinsicht als *écrivain public* als auch auf privater Ebene in seiner Beziehung mit Kim. Im Laufe der Erzählung kann man jedoch immer deutlicher erkennen, dass er sich in Wahrheit in einer Identitätskrise befindet. Es gelingt Jack nicht, ein Gleichgewicht zwischen Kindheit und Erwachsensein sowie Männlichkeit und Weiblichkeit herzustellen. Dieses Problem spiegelt sich auch in seinen privaten Rollen wider, da er im Verhältnis zu Kim zunehmend die Rolle eines Kindes einnimmt, anstatt sich seiner Rolle als Lebensgefährte entsprechend zu verhalten. Auch die große Zufriedenheit, welche er in seiner beruflichen Rolle empfindet, und die starke Identifikation mit seiner frankokanadischen Herkunft können einen negativen Verlauf seiner Identitätssuche nicht verhindern. Diese scheitert an seiner Unfähigkeit, den Kernkonflikt zwischen Generativität und Selbst-Absorption zu lösen (vgl. Erikson 1981, 117). Indem der Schriftsteller Kims Haus endgültig verlässt, verweigert er die Annahme der von ihr angebotenen Rolle als Vaterfigur für die junge Macha, sodass die Frage nach seiner Identität nach vergeblicher Suche am Ende der Erzählung unbeantwortet bleibt.

Im Gegensatz zu Jack in *Chat sauvage* können die Protagonisten der drei übrigen Romane ihre Identitätssuche erfolgreicher gestalten. Jimmy, Marine und Francis befinden sich Eriksons Entwicklungstheorie zufolge im selben Lebensabschnitt, dem frühen Erwachsenenalter, und sehen sich mit dem Kernkonflikt zwischen Intimität und Isolierung konfrontiert (vgl. 1981, 114). In *Les yeux bleus de Mistassini* muss Jimmy seine Unsicherheit gegenüber anderen Menschen überwinden, damit er im Umgang mit ihnen die Intimität finden kann, nach der er sich sehnt. Da der junge Mann diese Intimität v.a. in seiner Beziehung zu Mistassini sucht, ergeben sich große Schwierigkeiten aus seiner privaten Rolle als Bruder der jungen Frau. Durch seine Bereitschaft, sich von Jack zum Schriftsteller ausbilden zu lassen, findet Jimmy jedoch Erfüllung in einer neuen beruflichen Rolle, welche es ihm zudem ermöglicht, seine privaten Probleme in Zukunft durch das Schreiben zu verarbeiten. Auch das stolze Bewusstsein, *Québécois* zu sein, trägt dazu bei, dass Jimmy letztlich eine Identität gefunden zu haben scheint, welche ihm dauerhaft Stabilität geben kann.

In *La traduction est une histoire d'amour* besteht nicht die Gefahr, dass sich die Protagonistin aufgrund eigener Unsicherheit isolieren könnte, da sie eine furchtlose Persönlichkeit hat. Ihr Problem ist vielmehr, dass sie anfangs die Nähe anderer Menschen nicht zulässt, weil sie befürchtet, ihre Unabhängigkeit zu verlieren. Im Rahmen ihrer Bekanntschaft mit Jack Waterman kann die junge Frau jedoch ihre Skepsis überwinden und eine zwischenmenschliche Bindung eingehen, da sie in ihrer privaten Rolle gegenüber dem Schriftsteller ihre Selbstständigkeit weitgehend aufrechterhalten kann. Sie hofft, dass die Beziehung zwischen Jack und ihr, d.h. zwischen Autor und Übersetzerin, auf der Grundlage der Sprache gelingen kann, welche für beide von zentraler Bedeutung ist. Wie Kim in *Chat sauvage* übernimmt auch Marine am Ende der Erzählung die Mutterrolle gegenüber einem jungen Mädchen, aber in diesem Falle lehnt die männliche Hauptfigur die Vaterrolle nicht kategorisch ab, sondern bietet der Protagonistin die notwendige Unterstützung, sodass sie im Rahmen ihrer Beziehungen zu Jack und Limoilou schließlich ihre Identität findet. Obwohl Marine sich ihrer irischen Herkunft bewusst ist, sind kulturelle Einflüsse in *La traduction est une histoire d'amour* weniger bedeutsam als in den beiden vorherigen Romanen.

In *L'anglais n'est pas une langue magique* befindet sich Francis in einer Krise, weil seine schwerwiegenden Minderwertigkeitsgefühle, welche bis in seine Kindheit zurückreichen, ihn oftmals daran hindern, die Nähe anderer Menschen zu suchen. Die Erfolgserlebnisse des jungen Mannes bei der Ausübung seines Berufs als *lecteur sur demande* geben ihm jedoch das nötige Selbstvertrauen, um mit Marine die ersehnte Intimität zu finden. Im Vergleich zu den Protagonisten in *Chat sauvage*, *Les yeux bleus de Mistassini* und *La traduction est une histoire d'amour* ist für Francis' Suche nach Identität das Bewusstsein seiner kulturellen Herkunft von wesentlich größerer Bedeutung. Er sieht sich als geistiger Erbe seiner französischen bzw. frankokanadischen Vorfahren, über die er während seiner

Lektüresitzungen mit Limoilou viel erfahren hat, und macht es sich offenbar zur Aufgabe, die französische Sprache und Kultur gegen die Einflüsse des Englischen zu verteidigen. Der Veränderungsprozess, welchen Francis an sich selbst feststellt, ist v.a. durch dieses gesteigerte kulturelle Bewusstsein bedingt und hat dazu geführt, dass der junge Mann am Ende der Erzählung seine Identität gefunden zu haben scheint.

Die Einflüsse der Persönlichkeit, der sozialen Rollen und der kulturellen Herkunft der Poulinschen Protagonisten spielen in den einzelnen Werken in so vielfältiger Weise zusammen, dass keiner dieser Faktoren als der in allen vier Romanen dominierende angesehen werden kann. Während sich die Figuren in ihren inneren Konflikten und ihren sozialen Rollen z.T. deutlich unterscheiden, ist nicht zu übersehen, dass das Bewusstsein ihres jeweiligen kulturellen Hintergrundes fest im Selbstverständnis jedes einzelnen der vier Protagonisten verankert zu sein scheint. Sowohl Jack als auch Jimmy, Marine und Francis lassen zu einem bestimmten Zeitpunkt des Romangeschehens erkennen, dass sie stolz auf ihre frankokanadische bzw. irische Herkunft sind. In *L'anglais n'est pas une langue magique* und teilweise auch in *Les yeux bleus de Mistassini* drückt sich dieser Stolz sogar in der bewussten Abgrenzung der frankophonen gegenüber der anglophonen Kultur Kanadas aus. Dieses kulturelle Bewusstsein ist zwar keine hinreichende Bedingung für eine gelungene Identitätssuche, wie das Beispiel von Jack in *Chat sauvage* zeigt, dessen Suche negativ verläuft. Von einer notwendigen Bedingung scheint man jedoch durchaus sprechen zu können, denn die empfundene Zugehörigkeit zu einer bestimmten Kultur kann zu einer gefestigten kulturellen Identität führen, welche den Figuren eine Grundlage dafür bietet, auch die Suche nach der individuellen und der sozialen Identität – und damit nach ihrer Identität insgesamt – erfolgreich zu gestalten.

9. Schlussbetrachtung

Jack, Jimmy, Marine, Francis – sie alle suchen nach einer Antwort auf die Frage, wer sie sind. Auch wenn diese Suche nach Identität jeweils in unterschiedlicher Weise verläuft und endet, stellt sie grundsätzlich eine der universellen Gemeinsamkeiten der Protagonisten Jacques Poulins dar. Die im Rahmen der vorliegenden Arbeit untersuchten Romane *Chat sauvage*, *Les yeux bleus de Mistassini*, *La traduction est une histoire d'amour* und *L'anglais n'est pas une langue magique* reihen sich in das Gesamtwerk des Autors ein, da das Thema Identitätssuche auch in Poulins früheren Romanen von zentraler Bedeutung ist (vgl. Lintvelt 2000, 241).

Im Werk des frankokanadischen Autors beklagen sich die fiktiven Schriftsteller immer wieder über ihr fortgeschrittenes Alter und die von ihnen empfundene zunehmende Unfähigkeit, literarische Texte zu verfassen. Jack Waterman behauptet z.B. seinem Bruder Francis gegenüber: „Les mots viennent *à petites gouttes* parce que je suis vieux" (*ALM* 116, Herv. J. P.). In *Les yeux bleus de Mistassini* zählt er im Gespräch mit Jimmy und seiner Schwester sogar eine große Anzahl von Begleiterscheinungen des Älterwerdens auf, welche er nicht länger ertragen zu können glaubt, wobei er abschließend feststellt:

> Tout ça, au fond, je pourrais l'accepter pendant un certain temps si j'étais en train d'écrire quelque chose; je veux dire, quelque chose d'important et d'original. Il me vient toutes sortes d'idées, mais elles me plaisent pas: elles ont un air de déjà vu. (*YBM* 184)

Auch wenn Jacques Poulin seinen fiktiven Schriftstellern in vielen Punkten ähnlich ist (vgl. Lapointe/Thomas 1989, 8), scheint ihm das Schreiben keine derart großen Schwierigkeiten zu bereiten. Der Autor selbst, welcher im September 2012 seinen 75. Geburtstag feiert, hat nämlich in den vergangenen Jahren mit großer Regelmäßigkeit neue Romane veröffentlicht.

In Poulins neuester Veröffentlichung *L'homme de la Saskatchewan* werden einige Themen angesprochen, die bereits in den vorherigen Werken aufgetaucht sind. Der Roman wird – wie sein direkter Vorgänger – aus der Perspektive des jungen Francis erzählt. Die Identitätssuche des jungen Mannes scheint mit dem Ende der Erzählung in *L'anglais n'est pas une langue magique* nicht abgeschlossen gewesen zu sein, sondern sich vielmehr in *L'homme de la Saskatchewan* fortzusetzen. Die ersehnte Intimität findet Francis diesmal nicht in der Gegenwart Marines, sondern in der zärtlichen Beziehung mit Pitsémine, genannt La Grande Sauterelle, welche Poulins Lesern bereits aus *Volkswagen blues* bekannt ist. Insbesondere aber die Einflüsse der kulturellen Herkunft des jungen Mannes sind nach wie vor von großer Bedeutung und scheinen einen gewissen Antagonismus zwischen der frankokanadischen und der anglokanadischen Kultur verdeutlichen zu wollen. Francis wird von Jack gebeten, an seiner Stelle als „écrivain fantôme" (*HS* 11) die Biographie des Eishockeytorwarts der *Canadiens de Montréal* zu verfassen. Es handelt sich um Gabriel Dumont, welcher als sogenannter *Métis* sowohl französische als auch indianische Vorfahren hat. Durch die Gespräche mit dem Mann erfährt Francis sehr viel über die Geschichte seiner eigenen Vorfahren. Dumont äußert aber auch aggressive Forderungen bezüglich des Stellenwerts der französischen Sprache und Kultur im frankokanadischen Eishockey:

> Le gardien de but déclara que le hockey devait être aussi français à Montréal qu'il était anglais à Toronto ou à Vancouver; que l'hymne national devait être chanté en français seulement; que la majorité des joueurs et des membres de la direction devaient être des francophones. (*HS* 85)

Diese Forderungen nach einer absoluten Gleichstellung der beiden kanadischen Kulturen unterstützt Francis nicht explizit. Er weigert sich jedoch, das Manuskript der Biographie bezüglich der Ansichten des Torwarts abzumildern und will es mit Jacks Hilfe – gegen den Wunsch der anglophonen Vertreter der Eishockeyliga – unverändert seinem Verleger zukommen lassen (vgl. *HS* 111). Dies kann man als Zeichen dafür ansehen, dass er den von Dumont erhobenen Forderungen jedenfalls nicht abweisend gegenübersteht. Insgesamt kann man somit in diesem Fall durchaus von einer kulturell dominierten Identitätssuche des Protagonisten sprechen, wie sie z.T. auch bereits bei der Analyse der anderen Romane deutlich wurde.

Bei der Lektüre des neuen Romans hat man zwar oftmals tatsächlich den Eindruck, vieles bereits vorher einmal gesehen bzw. gelesen zu haben. Dies scheint die Originalität dieses Romans – sowie des Gesamtwerkes überhaupt – jedoch keineswegs zu schmälern, sondern geradezu auszumachen. Durch eine Vielzahl intertextueller Bezüge wird das Poulinsche Romanwerk zu einem Mikrokosmos aus wiederkehrenden Figuren, Orten und Themen.[30] Je mehr Romane man liest, umso besser findet man sich im Gesamtwerk des Autors zurecht. So sind bspw. alle

---

[30] Zu den intertextuellen Verbindungen der Romane Jacques Poulins untereinander siehe Boué (2003-2004).

wichtigen Figuren in *L'homme de la Saskatchewan* – ohne jegliche Ausnahme – dem Leser bereits aus den vorher erschienenen Romanen bekannt. Neben Pitsémine, einer der Hauptfiguren aus *Volkswagen blues*, und Francis, dem Protagonisten aus *L'anglais n'est pas une langue magique*, tauchen auch Jack Waterman, Marine und Limoilou wieder auf. Sogar der alte Volkswagen, den Jack im Roman *Volkswagen blues* seiner Begleiterin nach ihrer gemeinsamen Reise durch die USA überlassen hatte, tritt in *L'homme de la Saskatchewan* wieder in Erscheinung, wobei sich der aufmerksame Leser möglicherweise auch bei der Lektüre der zwischen diesen beiden Romanen erschienenen Werke mehrfach an das Gefährt erinnert gefühlt hat – sei es durch den Minibus des Protagonisten in *Chat sauvage* oder durch das Fahrzeug, welches Jimmy während seines Frankreichaufenthalts benutzt.

Jacques Poulins Romane nehmen nicht nur gegenseitig aufeinander Bezug, sondern weisen auch eine Vielzahl intertextueller Verbindungen zur Weltliteratur als Makrokosmos auf.[31] Es werden vor allem Bezüge hergestellt zu Werken amerikanischer Schriftsteller, welche Poulin zufolge einen großen Einfluss auf seine eigenen Romane und auf seinen Schreibstil gehabt haben:

> Dans ma jeunesse, mes lectures étaient très variées; je lisais tout et n'importe quoi. Mais avec le temps, les auteurs américains ont pris de plus en plus de place: Hemingway, Salinger, Vonnegut, Brautigan et maintenant Raymond Carver. J'aime bien cette façon d'écrire très concrète, avec peu d'épithètes, des phrases courtes sans inversions, la simplicité absolue, le dépouillement, la sobriété. En général, ce sont les Américains qui font ça le mieux, tandis qu'en littérature française, on cherche plutôt une phrase élégante, savante, harmonieuse. (Lapointe/Thomas 1989, 11)

Die starke Vernetzung der Romane Jacques Poulins untereinander sowie ihre Bezüge auf die Werke anderer Schriftsteller unterstreichen einmal mehr die Einzigartigkeit der von ihm geschaffenen literarischen Welt. Das Gesamtwerk des Autors entfaltet erst dann seine ganze Schönheit vor dem geistigen Auge des Lesers, wenn dieser in der Lage ist, die Verknüpfungen zu entdecken und die entsprechenden Verbindungen herzustellen. Am treffendsten fasst es vermutlich Jack Waterman im Roman *Volkswagen blues*, zusammen:

---

[31] Zu den intertextuellen Bezügen der Romane Jacques Poulins auf die Weltliteratur siehe Boué (2003-2004) und Miraglia (1989 und 1993).

9. Schlussbetrachtung

Il ne faut pas juger les livres un par un. Je veux dire: il ne faut pas les voir comme des choses indépendantes. Un livre n'est jamais complet en lui-même; si on veut le comprendre, il faut le mettre en rapport avec d'autres livres, non seulement avec les livres du même auteur, mais aussi avec des livres écrits par d'autres personnes. Ce que l'on croit être un livre n'est la plupart du temps qu'une partie d'un autre livre plus vaste auquel plusieurs auteurs ont collaboré sans le savoir. (*VB* 186)

10. Literaturhinweise

10.1 Primärliteratur

Poulin, Jacques: *Mon cheval pour un royaume*, Montréal: Éditions du Jour, 1967/ Montréal: Léméac, 1987.
Poulin, Jacques: *Jimmy*, Montréal: Éditions du Jour; 1969/Montréal: Léméac, 1978. [*JI*]
Poulin, Jacques: *Le cœur de la baleine bleue*, Montréal: Éditions du Jour, 1970/ Montréal: Bibliothèque québécoise, 1987.
Poulin, Jacques: *Faites de beaux rêves*, Montréal: L'Actuelle, 1974/Bibliothèque québécoise, 1988.
Poulin, Jacques: *Les grandes marées*, Montréal: Léméac, 1978.
Poulin, Jacques: *Volkswagen blues*, Montréal: Québec Amérique, 1984. [*VB*]
Poulin, Jacques: *Le vieux Chagrin*, Montréal: Léméac/Actes Sud, 1989.
Poulin, Jacques: *La tournée d'automne*, Montréal: Léméac, 1993.
Poulin, Jacques: *Chat sauvage*, Montréal: Léméac/Actes Sud, 1998. [*CS*]
Poulin, Jacques: *Les yeux bleus de Mistassini*, Montréal: Léméac/Actes Sud, 2002. [*YBM*]
Poulin, Jacques: *La traduction est une histoire d'amour*, Montréal: Léméac/Actes Sud, 2006. [*THA*]
Poulin, Jacques: *L'anglais n'est pas une langue magique*, Montréal: Léméac/Actes Sud, 2009. [*ALM*]
Poulin, Jacques: *L'homme de la Saskatchewan*, Montréal: Léméac/Actes Sud, 2011. [*HS*]

10.2 Sekundärliteratur

Abels, Heinz: *Identität*, Wiesbaden: Verlag für Sozialwissenschaft, [2]2010.
Bonsignore, Giacomo: „Jacques Poulin. Une conception de l'écriture", in: *Études Françaises* 21/3, 1985, 19-26, http://id.erudit.org/iderudit/036866ar [Stand: 31.07.2012].
Boué, Pilar Andrade: „Poétique de l'intertextualité dans les romans de Jacques Poulin", in: *Cuadernos de investigacion filologica* 29-30, 2003-2004, 235-248, http://dialnet.unirioja.es/servlet/articulo?codigo=2283870 [Stand: 31.07.2012].
Bourque, Paul-André: „Jacques Poulin ou l'art de communiquer l'incommunicabilité", in: *Québec français* 34, 1979, 38-39, http://id.erudit.org/iderudit/56514ac [Stand: 31.07.2012].
Deitz, Ritt: „Au bord de l'américanité: la fonction du voyage dans Volkswagen Blues", in: *Iris: Graduate Journal of French Critical Studies* 5/2, 1991, 87-93.
Erikson, Erik H.: *Kindheit und Gesellschaft* [*Childhood and Society*, deutsch]. Übers. v. Marianne v. Eckardt-Jaffé. Stuttgart: Ernst Klett Verlag, [5]1973/[[1]1950].

Erikson, Erik H.: Identität und Lebenszyklus [Identity and the Life Cycle, deutsch]. Übers. v. Käte Hügel. Frankfurt am Main: Suhrkamp, ⁷1981/[¹1959].

Gaudreau, Hélène [Rez.]: „Fiction", in: *Nuit blanche, le magazine du livre* 115, 2009, 12-18, http://id.erudit.org/iderudit/19273ac [Stand: 08.01.2012].

Habermas, Jürgen: „Können komplexe Gesellschaften eine vernünftige Identität ausbilden?", in: Habermas, Jürgen/Henrich, Dieter (Hgg.): *Zwei Reden*, Frankfurt a.M.: Surhkamp, 1974, 23-75.

Hébert, Pierre: *Jacques Poulin. La création d'un espace amoureux*, Ottawa: Les Presses de l'Université d'Ottawa, 1997.

Henrich, Dieter: „'Identität' – Begriffe, Probleme, Grenzen", in: Marquard, Odo/Stierle, Karlheinz (Hgg.): *Identität*, München: Fink, 1979, 133-186.

Lapointe, Jean-Pierre: „Narcisse travesti. L'altérité des sexes chez trois romanciers québécois contemporains", in: *Voix et Images* 18/1 (52), 1992, 11-25, http://id.erudit.org/iderudit/200994ar [Stand: 31.07.2012].

Lapointe, Jean-Pierre/Thomas, Yves: „Entretien avec Jacques Poulin", in: *Voix et Images* 15/1 (43), 1989, 8-14, http://id.erudit.org/iderudit/200811ar [Stand: 31.07.2012].

Lavoie, Luc: *L'intertextualité dans* Chat sauvage *de Jacques Poulin à la lumière de la question du père*, Mémoire de maîtrise (unveröffentlichtes Manuskript), Chicoutimi, 2006, http://constellation.uqac.ca/457 [Stand: 31.07.2012].

Ledoux, Nathaly: *La représentation de l'écrivain dans l'œuvre de Jacques Poulin*, Mémoire de maîtrise (unveröffentlichtes Manuskript), Montréal, 1995, http://digitool.Library.McGill.CA:80/R/-?func=dbin-jump-full&object_id=23224&silo_library=GEN 01 [Stand: 31.07.2012].

Lintvelt, Jaap: „La dualité identitaire dans l'œuvre de Jacques Poulin", in: *Rapports – het franse boek* 66/1-2, 1996, 22-30.

Lintvelt, Jaap: „Le double identitaire et narratif dans les romans de Jacques Poulin", in: Lintvelt, Jaap (Hg.): *Aspects de la narration. Thématique, idéologie et identité*, Québec: Nota Bene/Paris: L'Harmattan, 2000 [1998]. 217-242.

Lintvelt, Jaap: „Le voyage identitaire aux États-Unis dans le roman québécois", in: Morency, Jean/den Toonder, Jeanette/Lintvelt, Jaap (Hgg.): *Romans de la route et voyages identitaires*, Québec: Nota Bene, 2006, 55-88.

Luckmann, Thomas: „Persönliche Identität, soziale Rolle und Rollendistanz", in: Marquard, Odo/Stierle, Karlheinz (Hgg.): *Identität*, München: Fink, 1979, 293-314.

Lübbe Hermann: „Identität und Kontingenz", in: Marquard, Odo/Stierle, Karlheinz (Hgg.): *Identität*, München: Fink, 1979a, 655-658.

Lübbe, Hermann: „Zur Identitätspräsentationsfunktion der Historie", in: Marquard, Odo/Stierle, Karlheinz (Hgg.): *Identität*, München: Fink, 1979b, 277-292.

Lüsebrink, Hans-Jürgen: „Die Faszination der Bücher. Zu dem Roman *Les Yeux bleus de Mistassini* (2002) von Jacques Poulin (Québec)", in: Einfalt, Michael/Erzgräber, Ursula/Ette, Ottmar/Sick, Franziska (Hgg.): *Intellektuelle Redlichkeit: Literatur – Geschichte – Kultur: Festschrift für Joseph Jurt*, Heidelberg: Winter, 2005, 373-382.

Mailhot, Laurent: „Le voyage total", in: *Études françaises* 21/3, 1985, 3-5, http://id.erudit.org/iderudit/036864ar [Stand: 31.07.2012].

Marcotte, Gilles: „Lisez Jacques Poulin, faites de beaux rêves!", in: *Le Devoir*, 12. Mai 1979, 23.

Marquard, Odo: „Identität. Schwundtelos und Mini-Essenz – Bemerkungen zur Genealogie einer aktuellen Diskussion", in: Marquard, Odo/Stierle, Karlheinz (Hgg.): *Identität*, München: Fink, 1979, 347-370.

Mead, George Herbert: Geist, Identität und Gesellschaft [Mind, self and society, deutsch]. Übers. v. Ulf Pacher. Frankfurt a.M.: Suhrkamp, 1985/[1934].

Michaud, Ginette: „Récits postmodernes?", in: *Études Françaises* 21/3, 1985, 67-88, http://id.erudit.org/iderudit/036870ar [Stand: 31.07.2012].

Miraglia, Anne Marie: „Lecture, écriture et intertextualité dans *Volkswagen Blues*", in: *Voix et Images* 15/1 (43), 1989, 51-57, http://id.erudit.org/iderudit/200815ar [Stand: 31.07.2012].

Miraglia, Anne Marie: „Le récit de voyage en quête de l'Amérique", in: *Dalhousie French Studies* 23, 1992, 29-34.

Miraglia, Anne Marie: *L'écriture de l'Autre chez Jacques Poulin*, Candiac: Les Éditions Balzac, 1993.

Miraglia, Anne Marie: „Le lecteur fictif et la lecture critique chez Jacques Poulin. Du *Vieux Chagrin* à *Chat sauvage*", in: *Québec Studies* 29, 2000, 104-114.

Morency, Jean: „25 ans de présence américaine dans le roman québécois", in: *Études Canadiennes/Canadian Studies* 52, 2002, 197-208.

Ouellet, François: „Jacques Poulin", in: *Nuit blanche* 45, 1991, 40-43, http://id.erudit.org/iderudit/19949ac [Stand: 31.07.2012].

Parsons, Talcott: *The Social System*, London: Routledge, 1967/1951.

Parsons, Talcott: „Der Stellenwert des Identitätsbegriffs in der allgemeinen Handlungstheorie" [„The Position of Identity in the General Theory of Action", deutsch]. Übers. v. Claudia v. Grote und Rainer Döbert. in: Döbert, Rainer/Habermas, Jürgen/Nummer-Winkler, Gertrud (Hgg.): *Entwicklung des Ichs*. Köln: Kiepenheuer & Witsch, 1977/[1968].

Paterson, Janet M.: „*Le vieux Chagrin*, une histoire de chats? Ou comment déconstruire le postmoderne", in: Milot, Louise/Lintvelt, Jaap (Hgg.): *Le roman québécois depuis 1960. Méthodes et analyses*, Sainte-Foy: Les Presses de l'Université de Laval, 1992, 181-193.

Roberts, Paula Ann: *La dualité dans l'œuvre de Jacques Poulin*. Thèse de doctorat (unveröffentlichtes Manuskript), Toronto, 1997, http://hdl.handle.net/1807/12962 [Stand: 31.07.2012].

Saint-Martin, Lori: „L'androgynie, la peur de l'autre et les impasses de l'amour. *La tournée d'automne* de Jacques Poulin", in: *Voix et Images* 24/3 (72), 1999, 541-557, http://id.erudit.org/iderudit/201449ar [Stand: 06.01.2012].

Saint-Martin, Lori: „Romans d'homme, voix de femme. ,Marie Auger', Gilles Archambault, Jacques Poulin et Maxime Mongeon", in: *Voix et Images* 32/2 (95), 2007, 31-47, http://id.erudit.org/iderudit/016309ar [Stand: 31.07.2012].

Sanaker, John Christian: „Les yeux bleus de Mistassini de Jacques Poulin", in: Dupuis, Gilles/Ertler, Klaus-Dieter (Hgg.): À la carte. Le roman québécois (2000-2005), Frankfurt a.M.: Lang, 2007, 313-335.

Siouda, Anja: *Übersetzen als Liebesersatz, Therapie und Beziehungskunst. Die Darstellung der fiktiven Übersetzerin. Analyse von sieben Fallbeispielen*, Mémoire de maîtrise (unveröffentlichtes Manuskript), Genf, 2010, http://archive-ouverte.unige.ch/unige:12743 [Stand: 31.07.2012].

Socken, Paul G.: *The Myth of the Lost Paradise in the Novels of Jacques Poulin*, London/Toronto: Associated University Press, 1993.

Wells, Catherine: „La double identité de Jack Kérouac", in: Langlois, Simon (Hg.): *Identité et cultures nationales. L'Amérique française en mutation*, Sainte-Foy: Les Presses de l'Université Laval, 1995, 261-278.

10.3 Internetquellen

Durocher, René: „Révolution tranquille", in: *L'Encyclopédie canadienne*. Fondation Historica, 2012, http://www.thecanadianencyclopedia.com/articles/fr/revolution-tranquille [Stand: 31.07.2012].

Latouche, Daniel: „René Lévesque", in: *L'Encyclopédie canadienne*. Fondation Historica, 2012, http://www.thecanadianencyclopedia.com/articles/fr/rene-levesque [Stand: 31.07.2012].

Mathieu, Jacques: „Nouvelle-France", in: *L'Encyclopédie canadienne*. Fondation Historica, 2012, http://www.thecanadianencyclopedia.com/articles/fr/nouvellefrance [Stand: 31.07.2012].

Klaus-Dieter Ertler / Stewart Gill / Susan Hodgett / Patrick James (eds./éds.)

Canadian Studies: The State of the Art
Études canadiennes: Questions de recherché

1981–2011: International Council for Canadian Studies (ICCS)
1981–2011: Conseil international d'études canadiennes (CIEC)

Frankfurt am Main, Berlin, Bern, Bruxelles, New York, Oxford, Wien, 2011. 542 pp.
Canadiana. Literaturen/Kulturen, Literatures/Cultures, Littératures/Cultures.
Edited by Klaus Ertler and Wolfgang Klooß. Vol. 10
ISBN 978-3-631-61599-7 · hardback € 59,80*

Celebrating the 30th anniversary of the International Council for Canadian Studies (ICCS) this collection offers an overview of the state of the art in various disciplines in Canadian Studies, such as political science, history, geography, sociology, public policy, linguistics, literature, as well as media studies and cultural studies.

À l'occasion du 30e anniversaire du Conseil international d'études canadiennes (CIEC), nous offrons un panorama de la recherche et de ses questions dans les différentes disciplines en études canadiennes, telles que les sciences politiques, l'histoire, la géographie, la linguistique, la littérature, ainsi que les études sur les médias et sur les cultures.

Content: Canadian Studies · Political Science · History · Geography · Sociology · Public Policy · Linguistics · Literature · Media Studies · Cultural Studies · Translation Studies · Jewish Studies · Inter- and Transdisciplinarity

Contenu: Études canadiennes · Sciences politiques · Histoire · Géographie · Linguistique · Littérature · Études des médias · Études sur les cultures · Études de traduction · Études juives · Inter- et transdisciplinarité

Frankfurt am Main · Berlin · Bern · Bruxelles · New York · Oxford · Wien
Distribution: Verlag Peter Lang AG
Moosstr. 1, CH-2542 Pieterlen
Telefax 00 41 (0) 32/376 17 27

*The €-price includes German tax rate
Prices are subject to change without notice
Homepage http://www.peterlang.de

www.ingramcontent.com/pod-product-compliance
Ingram Content Group UK Ltd.
Pitfield, Milton Keynes, MK11 3LW, UK
UKHW021830140426
5217IPUK00021B/1370